Die besten Rezepte für den Spiralschneider

Die besten Rezepte für den Spiralschneider

Nudeln, Reis und Snacks aus Gemüse

ALI MAFFUCCI

FOTOS VON EVAN SUNG

Weltbild

Bibliografische Information der Deutschen Nationalbibliothek

Die Deutsche Nationalbibliothek verzeichnet diese Publikation in der Deutschen Nationalbibliografie.
Detaillierte bibliografische Daten sind im Internet über http://dnb.d-nb.de abrufbar.

Genehmigte Lizenzausgabe für Weltbild GmbH & Co. KG,
Werner-von-Siemens-Str. 1, 86159 Augsburg

© 2016 by riva Verlag, ein Imprint der
Münchner Verlagsgruppe GmbH

© der Originalausgabe 2015 by Alissandra Maffucci.
All rights reserved.
This translation published by arrangement with
Clarkson Potter, an imprint of the Crown Publishing
Group, a division of Penguin Random House LLC.
Die englische Originalausgabe erschien 2015 bei
Crown Publishing Group unter dem Titel *Inspiralized*.

Übersetzung: Birgit Gläser
Umschlaggestaltung: Laura Osswald,
in Anlehnung an das Cover der
US-Ausgabe von La Tricia Watford
Umschlagabbildung: Evan Sung
Fotos Innenteil: Evan Sung
Innenlayout: in Anlehnung an
das Layout der US-Ausgabe
von Ashley Tucker
Satz: inpunkt[w]o, Haiger
Druck: Prime Rate Kft.,
Budapest
Printed in the EU

ISBN Print 978-3-8289-2858-9

2018 2017 2016
Die letzte Jahreszahl gibt die
aktuelle Lizenzausgabe an.
Einkaufen im Internet:
www.weltbild.de

Leben ist die Kombination aus Magie und Pasta.

—FEDERICO FELLINI

Einige werden mit einem silbernen Löffel im Mund geboren, andere mit einem aus Plastik und wieder andere mit gar keinem. Was mich betrifft, triefte der meinige ohne jeden Zweifel vor Tomaten-Basilikum-Sauce.

Dieses Buch ist meinen italienisch-amerikanischen Großeltern gewidmet, die über das Essen Liebe und Freude in unsere Familie brachten. Danke dafür, dass ihr uns so viel Spaß am Kochen und natürlich vor allem am Essen geschenkt habt.

Besonderer Dank gebührt:
Meiner **Mutter** für ihre niemals nachlassende Unterstützung, ihre Liebe und ihr Vertrauen in mich.
Meinem **Vater** dafür, dass er mich gelehrt hat, für meine Ziele hart zu arbeiten.
Lu, der mich zu »Inspiralized« inspiriert hat und Tag für Tag mein Vorkoster war. Ich liebe dich.
Meiner Großmutter Ida, auf die mein Wissensdurst zurückgeht.
Meinen *»inspiralisierten«* **Lesern:** Dank eurer loyalen Unterstützung und Treue wurde dieses Kochbuch Realität.

Und natürlich allen, die Pasta und Kohlenhydrate lieben. *Salute!*

INHALT

Hätte ich jedes Mal, wenn meine Großeltern sagten: »Wir machen Diät – keine Pasta mehr, kein Wein und kein Käse«, einen Dollar bekommen, hätte ich nicht zu Hause gesessen, um dieses Buch zu schreiben. Ich würde mit meinen Reichtümern auf einer Insel leben.

Das sonntägliche Abendessen bei meinen Großeltern väterlicherseits war immer ein ganz besonderes Ereignis. Meine süße Großmutter – die zur Messe stolz ihr bestes Sonntagsgewand anzog und mir den Mund mit Seife auswusch, wenn ich »pissen« statt »Pipi machen« sagte – ließ immer irgendetwas im Ofen anbrennen. Außerdem lief sie ständig mit einem Löffel durch die Küche, von dem es auf den gefliesten Küchenboden tropfte. Doch in dem ganzen Chaos schaffte es mein Großvater mit seinem großen Goldring am kleinen Finger, seiner markanten Nase und der überwältigenden Liebe zu seinem Heimatland jedes Mal, einen makellosen Fleischklops oder das perfekte Pesto zu zaubern.

Das Kochen an sich war immer die Hauptsache. Das Fest fing nicht damit an, dass alle zum Abendessen eintrafen – es begann, als der erste Schuss Olivenöl in der Pfanne landete und den Auftakt für ein wunderbares, köstliches italienisches Essen bildete. Wir wurden alle einbezogen, nicht nur durch den Duft der frisch zubereiteten, leise vor sich hin köchelnden Marinara-Sauce, sondern auch durch das Klirren der mit körperreichem Rotwein gefüllten Weingläser und die Songs von Opis bevorzugtem Frank-Sinatra-Album (wenn er sie nicht mit seinem eigenen Gesang übertönte). Der Anblick meines Großvaters, wie er meine Großmutter zu den Klängen von »That's Amore« herumwirbelte, ist unvergesslich.

Das Essen war das nächste Schauspiel. Mein Vater tat alles, um das letzte Stück Brot zu erwischen, damit er den letzten Rest Sauce auf seinem Teller aufnehmen konnte – Gnade uns Gott, wenn wir einen Tropfen übrig ließen. Der Wein floss reichlich und meine Großmutter stand immer wieder auf, um noch etwas auf den Tisch zu bringen, sei es Olivenöl, mehr Brot oder frisch geriebener Parmesan. Ganz gleich, ob sich die Unterhaltung um positive oder negative Dinge drehte, waren wir immer guter Stimmung, einfach weil wir aßen.

Wir schwelgten in Pasta, Fleisch, Wein und Käse, bis uns fast schlecht war – trotzdem ließen wir nie den Nachtisch aus. Und der bestand immer aus einer Auswahl an italienischem Gebäck von einer *molto bene* Bäckerei – Biscotti, Sfogliatelle und Pignoli. Ich persönlich mochte Cannoli und Sambuca am liebsten: den Geschmack der kleinen Espressobohnen in süßem Likör mit Anisaroma, dazu das dekadente, mit Ricotta gefüllte Gebäck. Wenn wir uns dann von meinen Großeltern verabschiedeten, hatten wir unser Gewicht in Kohlenhydraten zu uns genommen, doch wir waren glücklich.

Meine Großeltern brachten uns jedes Mal zur Haustür und winkten uns von dort aus zum Abschied nach, bis wir aus der Einfahrt herausgefahren waren. Jeder freute sich schon auf den nächsten Sonntag.

Als ich die Gelegenheit hatte, ein Auslandssemester zu machen, wählte ich natürlich Italien. Ich aß jeden Tag so, wie ich es von den Sonntagen bei meinen Großeltern her gewöhnt war. Ich verdrückte Pizzas, schwelgte in aromatischem Chianti, futterte mich durch Tomaten mit Mozzarella, vertilgte riesige Portionen Pasta bolognese und tunkte frisches Semolina-Brot in alles, was ich erwischen konnte. Ich hätte ebenso gut Olivenöl direkt aus der Flasche trinken können. Als ich wieder nach Hause kam, wurde ich mit den Konsequenzen meiner Völlerei konfrontiert: Der

Zeiger der Waage war in die Höhe geschossen. Ich hatte während meines »Genuss-Semesters« in Europa beschämende 18 Pfund zugelegt – und seit dem Beginn meines Studiums mittlerweile 45 Pfund. Als ich diese Zahl sah, wusste ich, dass etwas passieren musste.

Ich ging nicht zu hart mit mir ins Gericht, da ich ja immerhin unter dem Abschied von *La Dolce Vita* litt. Dann gab mir meine Freundin Sarah ein Buch – sitzen Sie gut? – über vegane Ernährung. Obwohl ich den schmerzlichen Abschied von Würsten, Mozzarella, üppigem Pesto, Fleischbällchen, Hartweizenpasta und Weißbrot fürchtete, ließ ich mich rasch von den Aussichten auf schlanke Arme und schmale Oberschenkel begeistern. Im August 2008 begann meine zwei Jahre dauernde vegane Phase, und sie funktionierte: Ich verlor fast 55 Pfund und bekam die Arme und Oberschenkel meiner Träume. Es gab dabei nur ein großes Problem: Das sonntägliche Abendessen bei meinen Großeltern war von nun an nicht mehr das, was es einmal war. Als ich meiner Familie sagte, ich sei Veganerin, hätte ich ihnen auch erzählen können, dass ich in den entlegensten Winkel dieser Erde ziehen würde. Vollkornpasta und Mehrkornbrot kamen im Vokabular meines Großvaters einfach nicht vor. Glücklicherweise behielt die bedingungslose Liebe meiner Großeltern die Oberhand und sie bereiteten für mich spezielle Gerichte zu: mehr Gemüse, Vollkornspaghetti und Pasta Fagioli. Und doch war es nicht mehr dasselbe.

Da ich mich nun vegan ernährte, lernte ich, kreativ und gesund zu kochen, entdeckte neue Nahrungsmittel und eignete mir viel Wissen über die Ernährung mit frischen, unverfälschten Produkten und die damit verbundenen enormen gesundheitlichen Vorteile an. Als Italo-Amerikanerin und Liebhaberin von Pasta und leckerem Essen hatte ich noch immer Schwierigkeiten mit der Größe meiner Essensportionen – bis mir meine Mutter den Spiralschneider zeigte. Danach veränderte sich mein Leben.

Wie fing nun alles an?

Meine Mutter ist Typ-1-Diabetikerin. Diese Art des Diabetes beginnt oftmals schon in der Kindheit. Man bezeichnet sie als insulinabhängigen Diabetes, da die Bauchspeicheldrüse dabei zu wenig oder gar kein Insulin produziert – ein Hormon, das im Normalfall Glukose (Zucker) in Energie umwandelt. Wird er nicht entsprechend behandelt, kann dieser chronische Diabetes zu ernsthaften Gesundheitsproblemen führen, etwa zu Nierenversagen, Erblindung, Nervenschädigungen, tödlichen Herzerkrankungen und Schlaganfällen. Für den Diabetes gibt es viele verschiedene Ursachen. Bei meiner Mutter entwickelte er sich aus einem Schwangerschaftsdiabetes. 2012, als ich in Hoboken, New Jersey, lebte, konsultierte sie einen Gesundheits-Coach, der ihr vorschlug, sich rohvegan zu ernähren – eine Kost, die nicht nur auf jegliche tierischen Produkte verzichtet, sondern auch auf Lebensmittel, die bei mehr als 48 °C gekocht werden.

Einige Wochen später, während eines Urlaubs in Florida, suchte sie nach rohveganen Restaurants und fand tatsächlich eines in der Nähe. Sie hatte vor, die rohvegane Ernährung zunächst in Restaurantqualität auszuprobieren, bevor sie sich diesem Lebensstil verschrieb. Sie bestellte einen »Dragon Bowl«, bei dem in der Zutatenliste unter anderem von Zucchini-Nudeln die Rede war. Meine Mutter war beeindruckt und positiv überrascht – so sehr, dass sie mir gleich von diesem Gericht erzählte. Sie wollte diese Zucchini-Nudeln zu Hause nachmachen, wusste aber nicht, wie sie das anstellen sollte.

Ein paar Monate später gingen wir in New York City in ein Rohkost-Biorestaurant namens *Pure Food and Wine*. Wir genossen ein unglaublich leckeres Mahl und meine Mutter beschloss, zukünftig mehr vegane und pflanzenbasierte

Nahrungsmittel auf ihren Speiseplan zu setzen. Sie kaufte das vom Restaurant herausgegebene Kochbuch und darin entdeckte sie den Spiralschneider. Eines der Rezepte in dem Buch war das für Zucchini-Nudeln.

Meine Mutter bestand darauf, dass ich diese Nudeln kosten sollte, aber ich war skeptisch: Wie sollte eine Gemüse-Nudel wie Pasta schmecken, insbesondere jemandem, der mit so viel Pasta aufgewachsen war? Dann, an einem Sonntagabend, bereitete sie für mich ein Gericht mit Zucchini-Nudeln zu. Ich war geplättet. Ich hatte

etwas erwartet, was entweder knackig und roh oder matschig und zu lange gekocht war, doch was ich schließlich im Mund hatte, besaß die gleiche geniale Konsistenz wie Pasta al dente. Hand aufs Herz, bei geschlossenen Augen hätte ich gedacht, sie hätte mir echte Spaghetti serviert!

Da ich ständig nach neuen Wegen für gesundes Essen Ausschau hielt, war ich fasziniert. Und was am Allerwichtigsten war: Ich bedauerte, dass ich dies nicht schon längst ausprobiert hatte. Ich entschuldigte mich für meine Dickköpfigkeit und bedankte mich bei meiner Mutter. Als ich nach Hause ging, gab sie mir ihren Spiralschneider mit und kaufte sich einen neuen.

Am nächsten Tag konnte ich es kaum abwarten, bis ich nach der Arbeit nach Hause gehen und mir zum Abendessen Zucchini-Nudeln machen konnte. Ich entschied mich für Tomaten-Basilikum-Pasta mit Cannellini-Bohnen, gerösteten Artischocken und Shrimps. Innerhalb kürzester Zeit war ein Pastagericht fertig, das wenig Kalorien und wenig Kohlenhydrate hatte und dennoch nahrhaft war. Und es schien völlig natürlich zu sein. Obwohl mir meine Mutter die Zucchini-Nudeln als Ersatz für Spaghetti verkauft hatte, erkannte ich das weitaus größere Potenzial dieser »Nudeln«. Sobald ich begann, die Kurbel meines Spiralschneiders zu drehen, schossen mir die Rezeptideen nur so in den Kopf.

Lu, damals noch mein Freund, ahnte nicht im Geringsten, was ich in der Küche trieb, bis ich ihn eines Tages mit einer meiner Kreationen überraschte. Er hatte nur Hunger, wie gewöhnlich. Als ich fertig gekocht hatte, kostete ich das Gericht und wusste, dass es etwas ganz Besonderes war. Lu nahm den ersten Bissen, warf den Kopf zurück und stieß ein überzeugendes »Mmmm!« aus.

»Echt super, oder?«, fragte ich aufgeregt.

Er antwortete sofort: »Wieso weiß das eigentlich kaum jemand?«

Während der nächsten drei Monate konnte ich an nichts anderes als an meinen Spiralschneider denken. Wenn ich am Wochenende in ein Café ging, nahm ich meinen Laptop mit, um Rezepte zu notieren, und sobald ich nach Hause kam, wollte ich nichts anderes, als sie am Abend auszuprobieren. Ich fühlte einen wahren Schaffensdrang in mir. Nach jahrelanger Arbeit in einem starren Unternehmensgefüge hatte ich endlich ein Ventil gefunden: Der Spiralschneider hatte mich inspiriert! Man kann es auch einfach mit einer Wortschöpfung sagen, ich fühlte mich »inspiralisiert« und hatte den Wunsch, auch andere zu »inspiralisieren«.

Je häufiger ich Mahlzeiten mit dem Spiralschneider zubereitete, desto überzeugter wurde ich von dem Potenzial dieser Methode. Ich begann, Bilder meiner Spiralschneider-Gerichte in den sozialen Medien zu posten, und bekam viel Resonanz von meinen Freunden, die nach den Rezepten fragten. Als ich ihnen schrieb, dass ich die Nudeln mithilfe eines Spiralschneiders herstellte, legten sie sich so ein Gerät zu und machten sich ans Werk. Ich sorgte in meinem sozialen Netzwerk für Begeisterung, daher wusste ich, die Idee würde ebenso schnell auch in anderen Kreisen Verbreitung finden.

All denjenigen, die gerade eine Low-Carb-Diät durchzogen, konnte ich sagen, dass Pasta- und Nudelgerichte wieder erlaubt waren – und das nicht nur an »Schummeltagen«. Darüber freute ich mich ganz besonders. Denn genau wie sie war ich der grünen Säfte und der eintönigen mageren Eiweiß- und Gemüsekost zum Abendbrot müde. Außerdem gelang es mir nicht, wirklich diätfreundliche Lebensmittel zu finden, die auch noch supergut schmeckten. Aber jetzt hatte ich den Schlüssel zum Erfolg in der Hand!

Als ich begann, im Internet nach Rezepten mit in Spiralstreifen geschnittenen Zutaten zu suchen, stieß ich nur auf rohe oder vegane Gerichte oder auf eine Kombination aus beiden. Die einzigen Rezepte, die ich fand, basierten auf nur drei Gemüsesorten: auf Möhren, Gurken und Zucchini. Noch niemand hatte das wahre Potenzial des Spiralschneiders erkannt.

Schließlich marschierte ich im Juni 2013, nachdem ich meinen ganzen dafür notwendigen Mut zusammengenommen hatte, in das Büro meines Chefs und kündigte meinen Job. Dann eilte ich quietschfidel nach Hause und sicherte mir den Domainnamen Inspiralized.com. Am nächsten Morgen ging ich in ein Café auf der gegenüberliegenden Straße, klappte meinen Laptop auf, schrieb meinen ersten Blog-Beitrag – ohne die leiseste Idee, wie man einen Blog ins Leben ruft – und fing an, einen Businessplan zu entwerfen.

Um Rezepte zu entwickeln und zu testen, die allen Essern gerecht werden, probierte ich alles aus, von vegan über pescetarisch bis hin zu omnivor. Meine Lieblingslebensmittel wieder auf meinen Speiseplan zu setzen, machte mir keine Angst, sondern ich freute mich darüber. Ich begab mich auf eine kulinarische Entdeckungsreise, die es mir ermöglichte, meinen Taillenumfang im Griff zu behalten. Der Schlüssel dazu war mein Wissen über Nahrungsmittel, das ich in diese neue Art des Kochens mit dem Spiralschneider einbrachte. Ich bin dadurch schlanker geworden, meine Haut strahlt und ich habe mehr Energie als je zuvor.

Und das Wichtigste? Das sonntägliche Abendessen bei meinen Großeltern ist wieder so beglückend und köstlich, wie es immer war.

LASSEN SIE SICH »INSPIRA- LISIEREN«

Erlauben Sie sich und Ihrem Essen, »inspiralisiert« zu werden – entdecken Sie eine gesunde und inspirierte Variante der Originalgerichte! Wenn Sie Nudeln und Reis, die aus Gemüse bestehen, in Ihre Kost integrieren, werden Sie fast sofort positive Auswirkungen bemerken: strahlende Haut, bessere Verdauung, mehr Energie und generelle Zufriedenheit beim Essen. Sie werden kein Verlangen mehr nach Kohlenhydratbomben, Zucker oder verarbeiteten Lebensmitteln verspüren. Ihr Körper wird so zufrieden und gut ernährt sein, dass Sie echte Pasta bzw. Nudeln und echten Reis völlig vergessen und dafür nach mehr mageren, unverfälschten und unverarbeiteten Nahrungsmitteln verlangen. Und – ganz wichtig – Sie werden Lust bekommen, eigene Rezepte zu erfinden, ganz gleich ob dies nun bedeutet, dass Sie die klassischen bzw. Ihre Lieblingsrezepte anpassen oder mit neuen Ideen experimentieren. Sie werden sehen, dass es Sie drängt, nach Hause zu kommen und Neues auszuprobieren.

Übrigens: In der Rezeptsprache versteht man unter »Gemüse-Nudeln« oder »Gemüse-Reis« normale Nudeln oder normalen Reis mit Gemüse als Zutat. Genau genommen müsste ich jetzt dauernd von »Nudeln, Pasta oder Reis, die aus Gemüse bestehen« reden. Was ziemlich umständlich wäre, zumal klar sein dürfte, worum es in diesem Buch geht. Doch dieser Hinweis sei der Genauigkeit geschuldet.

Der gesundheitliche Nutzen

Heutzutage ist das Wort »gesund« ein relativer und verwirrender Begriff geworden. Wir wissen nicht mehr, was wirklich gesund ist, und beziehen diese Bezeichnung häufig auf strenge Diäten, denen wir eher folgen als darauf zu achten, was für unseren eigenen Körper am besten ist. Natürlich können strenge Richtlinien einigen von uns dabei helfen, beim Abnehmen am Ball zu bleiben oder eine Krankheit zu behandeln. Ganz gleich, welche Einstellung Sie zum Essen haben: Sie werden kaum eine Ernährungsstrategie finden, die nicht dafür plädiert, mehr Gemüse zu verzehren.

Wenn Sie mehr Gemüse in Ihre Kost integrieren, sind die gesundheitlichen Vorteile immens. Hierzu gehören:

HÖHERE AUFNAHME VON BALLASTSTOFFEN: Die im Gemüse enthaltenen Ballaststoffe tragen dazu bei, den Cholesterinspiegel im Blut zu senken, und können daher das Risiko für Herzerkrankungen mindern. Außerdem fördern sie das Sattheitsgefühl bei einer verringerten Kalorienzufuhr, wodurch das Abnehmen erleichtert und die Gesundheit gefördert wird.

GRÖSSERE NÄHRSTOFFDICHTE: Einfach ausgedrückt, enthält Gemüse jede Menge Nährstoffe. Die Vitamine A und C tragen zur Gesundheit der Haut bei und stärken das Immunsystem. Kalium und Folsäure unterstützen die Muskelfunktion und den Zellaufbau im Körper. Insgesamt sorgen diese Nährstoffe dafür, dass Ihr Körper optimal funktioniert und Sie sich wohl und leistungsfähig fühlen.

KRANKHEITSPRÄVENTION: Viele Studien zeigen, dass eine gemüse- und obstreiche Kost die Aufnahme von Zucker in den Blutstrom verlangsamt, wodurch das Risiko für Diabetes herabgesetzt wird. Außerdem trägt eine Ernährung mit reichlich Gemüse und Obst dazu bei, dass sich fetthaltige Substanzen nicht an den Blutgefäßwänden ablagern, und vermindert so die Gefahr von Herzerkrankungen.

Stellen Sie sich vor, Sie würden sich nach dem Genuss eines großen Tellers Hartweizenpasta weder unwohl noch lethargisch fühlen. Sie hätten kein Bedürfnis, sich hinzulegen, sondern ganz im Gegenteil Lust, mit Ihrer Dinner-Verabredung tanzen oder spazieren zu gehen. Anstatt sich schuldig zu fühlen, schwach geworden zu sein, hätten Sie den Eindruck, Ihrem Körper etwas Gutes getan zu haben. Genau so fühlt es sich an, wenn Sie einen Teller Gemüse-Nudeln essen – der gleiche fantastische Geschmack, aber mit einem sehr viel besseren Nachklang.

Keine Angst, ich will nicht darauf hinaus, dass Sie nie wieder einen Teller normale Pasta oder normalen Reis essen sollten. Kohlenhydrate leisten einen wesentlichen Beitrag zu einer gesunden und ausgewogenen Ernährung und sollten täglich in der empfohlenen Menge verzehrt werden. Damit ihre gesundheitlichen Vorzüge voll zur Geltung kommen, sollte man sie jedoch in möglichst wenig verarbeiteter Form genießen. Reichert man eine Mahlzeit beispielsweise durch in Spiralstreifen geschnittene Süßkartoffeln an, ist dies ein wirkungsvoller Weg, um an unverfälschte Kohlenhydrate zu kommen. Besuchen Sie jedoch gerade ein Restaurant und haben Lust auf einen Teller Spaghetti bolognese, nur zu – alles in Maßen, lautet die Devise.

Pasta im Vergleich zu Gemüse-Nudeln

	PORTIONSGRÖSSE	KALORIEN	KOHLENHYDRATE	EIWEISS	FETT
Hartweizenspaghetti	140 g	221	43 g	8 g	1,3 g
Möhren-Nudeln	190 g	77,9	19 g	1,7 g	0,4 g
Gurken-Nudeln	398 g	30,4	6,84 g	1,14 g	0,19 g
Beten-Nudeln	150 g	64,5	15 g	2,4 g	0,3 g
Butternusskürbis-Nudeln	180 g	81	21,6 g	1,8 g	0,18 g
Kohlrabi-Nudeln	385 g	71,82	15,96 g	4,5 g	0,27 g
Zucchini-Nudeln	245 g	41,7	7,6 g	2,9 g	0,7 g

Nährwertangaben: herkömmliche Pasta versus Gemüse-Nudeln

Lassen Sie uns jetzt zu den Fakten und Zahlen kommen, die hinter allem stehen. Ein Vergleich der Nährwertangaben zwischen herkömmlicher Hartweizenpasta und den gängigsten in Spiralstreifen geschnittenen Gemüse-Nudeln zeigt die großen Unterschiede. In der nachfolgenden Tabelle wird eine angemessene Portion Gemüse-Nudeln mit der empfohlenen Menge an Hartweizenpasta verglichen. Wenn Sie ein Pastagericht im Restaurant essen, bekommen Sie übrigens oftmals doppelt oder dreimal so viele Nudeln wie in der Tabelle empfohlen!

Alle Portionsangaben für die unterschiedlichen Varianten von Gemüse-Pasta basieren auf einer großzügig bemessenen Schale (tiefer Teller) ungekochter Gemüse-Nudeln. In gegartem Zustand entspricht diese Gemüse-Nudel-Menge 1,5 bis 2 großzügig abgemessenen Tassen mit einem Volumen von 250 ml, was dem Inhalt eines gängigen Kaffeebechers entspricht. Lassen Sie sich von den genauen Grammangaben in der Tabelle nicht irritieren, dabei geht es um Vergleichswerte, die für die Nährstoffberechnung nötig sind. Ihre Gemüse-Nudeln-Portionen brauchen Sie nicht grammgenau abzumessen. In meinen Rezepten orientiere ich mich an bewährten Mengen, die ich selbst ausprobiert und für gut befunden habe.

Der Einsatz des Spiralschneiders ermöglicht es Ihnen natürlich auch, verschiedene Gemüsesorten zu kombinieren und auf diese Weise unterschiedliche Kombinationen von Vitaminen und Mineralstoffen zu bekommen. So können Sie Mahlzeiten kreieren, die auf Ihre eigenen Ernährungsbedürfnisse zugeschnitten sind, was mit normaler Pasta und normalen Nudeln nicht funktioniert. Wer beispielsweise unter einem Eisenmangel leidet, tut sich mit in Spiralstreifen geschnittenen Kartoffeln und Brokkoli viel Gutes, da beide Gemüse einen hohen Eisengehalt aufweisen. Wenn Sie dann noch Spinat und ein paar Bohnen hinzufügen, haben Sie mehr als genug Eisen in ein köstliches Gericht gepackt. Ist das auch mit normaler Pasta möglich? Gewiss nicht.

Täglicher Gemüsekonsum

Wir werden ständig aufgefordert, Gemüse zu essen. Nun, ich habe gute Nachrichten für all diejenigen, die Gemüse eher skeptisch gegenüberstehen. Indem Sie Gemüse-Nudeln oder Gemüse-Reis essen, nehmen Sie locker die pro Tag empfohlene Menge an Gemüse auf – aber ohne dass es auch so schmeckt. Anstatt das Gemüse widerwillig in einem Smoothie zu pürieren oder es in Form eines langweiligen Beilagensalates zu verzehren, können Sie es in ein richtig leckeres Essen integrieren. Ganz im Ernst: Wenn Sie einen großen Teller Zucchini- oder Butternusskürbis-Nudeln mit cremigem Basilikum-Pesto genießen, kommen Sie auf die täglich empfohlene Menge an Gemüse – aber es schmeckt so, als würden Sie dekadente Spaghetti vertilgen.

Was den generellen gesundheitlichen Aspekt von Gemüse und Obst betrifft, hat die Deutsche Gesellschaft für Ernährung (DGE) eine klare Empfehlung, die auch von der Weltgesundheitsorganisation (WHO) anerkannt wird: »Täglich mindestens 5 Portionen Gemüse und Obst essen (3 Portionen Gemüse und 2 Portionen Obst). Das entspricht täglich rund 400 g Gemüse (z. B. 200 g gegartes Gemüse und 200 g Rohkost/Salat) und etwa 250 g Obst.«

Dieses Ziel erreichen Sie locker mit köstlichen Gemüse-Nudeln, ohne einen grünen Saft oder irgendwelchen gedämpften Brokkoli herunterwürgen zu müssen.

Kurzum: In Spiralstreifen geschnittenes Gemüse kann als Pasta, Nudeln oder Reis getarnt und auf diese Weise in beliebter und allgemein geschätzter Art und Weise serviert werden. Gut verstecken lässt es sich überraschenderweise auch

IN EINER FRITTATA (Chorizo-Avocado-Zucchini-Frittata, Seite 36)

IN EINER SUPPE (Nudelsuppe mit Hühnchen und Möhren, Seite 56)

IN EINEM DESSERT (Mandelbutter-Riegel mit Pekannüssen, Möhren und Schokoguss, Seite 118)

Das sind nur einige der vielen einfallsreichen Möglichkeiten, Gemüsestreifen und -spiralen einzusetzen. – Das ganze Buch ist voll davon! Sie werden schnell herausfinden, was für Sie am besten funktioniert.

FAMILIEN- UND KINDGERECHTES KOCHEN

So viele Eltern stöhnen: »Ich kann mein Kind nicht dazu bringen, Gemüse zu essen!« Nun, welches Kind mag keine Spaghetti? Die meisten Kinder lieben Nudeln – ganz gleich, ob sie sich die Teigwaren im Alter von einem Jahr mit den Händen in den Mund stopfen oder mit vier Jahren eine Gabel dafür nehmen. Bereiten Sie einfach einen Teller Zucchini-Nudeln mit Tomatensauce zu und beobachten Sie, wie Ihr kleiner Hosenmatz reinhaut – er oder sie hat keine Ahnung, dass es sich dabei um das »eklige« Grünzeug handelt. Sollte es mit den Zucchini-Spaghetti nicht klappen, bereiten Sie Hörnchennudeln aus Möhren zu und servieren sie mit einer leichten Käsesauce (siehe Seite 82). Wenn Sie bereits wissen, wie man spiralisierte Gemüse-Brötchen herstellt (siehe Seite

26), können Sie aus herzgesundem Gemüse wie etwa Süßkartoffeln leckere Sandwiches zubereiten. Schwören Sie auf das altbewährte Hühnersüppchen, das kranken Kindern so gut tut? Nur zu, die Nudelsuppe mit Hühnchen und Möhren (Seite 56) hilft, Ihr Kind wieder gesundzupflegen. Anstelle der üblichen Nudeln sind darin Möhren-Nudeln enthalten, die uns mit Betacarotin versorgen, einem schlagkräftigen Phytonährstoff, der das Immunsystem zur Bildung von Immunzellen anregt. Doch das bleibt unser kleines Geheimnis.

Was noch besser ist: Kleine Kinder und auch größere lieben es, wenn sie beim Spiralschneiden mitmachen dürfen. Wer wäre nicht davon fasziniert, wie sich Gemüse auf fast magische Art und Weise in Nudeln verwandelt? Es gibt keinen besseren Weg, um Ihre Kinder mit gesunden Essgewohnheiten vertraut zu machen, als sie in der Küche mithelfen zu lassen. So lernen Ihre Kinder ganz nebenbei, dass Gemüse Spaß macht.

Die Essenszubereitung mit dem Spiralschneider geht schnell und ist daher familienfreundlich. Wenn Sie Fußballtraining, Tanzaufführungen, Hausaufgaben und so weiter unter einen Hut bringen wollen, haben Sie nicht viel Zeit, um nahrhafte Gerichte zu zaubern. Aber es dauert nur rund 30 Sekunden, um eine Zucchini in Spiralstreifen zu schneiden und nur 2 bis 3 Minuten, um die Gemüse-Nudeln al dente zu garen – bei Hartweizenpasta beträgt die Kochzeit im Schnitt 10 bis 15 Minuten. Um wirklich Zeit zu sparen, können Sie die Gemüse-Nudeln auch im Voraus zubereiten. Wie das geht, erfahren Sie in den Tipps auf den Seiten 28 bis 29.

AUF DIE PLÄTZE, FERTIG, SPIRALE MARSCH!

So, und wie funktioniert das Ganze nun genau? Schauen wir uns an, was Sie wissen müssen, um in Ihrer eigenen Küche mit der Produktion von Spiralen und Spaghetti aus Gemüse und Obst zu beginnen.

Was sollten Sie wissen?

Eines der besten Dinge beim Spiralschneiden besteht darin, dass Sie dadurch auf neue Gemüse- und Obstsorten stoßen. Früher oder später fragen Sie sich im Supermarkt: »Lässt sich das in Spiralen oder Spaghetti schneiden?« Vielleicht stoßen Sie auf etwas, was Sie noch nie zuvor ausprobiert oder gekannt haben. Mit folgenden Richtlinien werden die Dinge klar.

Das Gemüse oder Obst muss fest sein und darf weder einen harten Stein noch viele kleine Samen im Fruchtfleisch oder eine Höhlung in der Mitte haben. Eine Ausnahme bildet der Butternusskürbis, in dessen unterem gewölbtem Teil sich viele Samen zusammenballen. Schneiden Sie diesen Teil einfach ab, bevor Sie den Kürbis in Spiralstreifen schneiden, der verbleibende Rest reicht völlig aus.

Damit sich das Gemüse mit dem Spiralschneider optimal in Form bringen lässt, sollte es einen Durchmesser von mindestens 3,5 bis 4 cm haben. Ist das Gemüse kleiner, wird es schwierig, perfekte pastaartige Gemüsefäden zu erzielen, stattdessen bekommen Sie halbmondförmige Scheiben. Je größer der Durchmesser, desto besser.

Das Gemüse oder Obst sollte mindestens 3,5 bis 4 cm lang sein. Auch wenn Sie dabei nicht viele Gemüse-Nudeln dieser Länge herausbekommen, sollten Sie keine kürzeren Stücke verwenden, da der Ausschuss sonst zu groß und das Gemüse zu großen Teilen verschwendet wird bzw. anderweitig genutzt werden muss.

Das Gemüse oder Obst darf im Inneren weder weich noch saftig sein. Falls Sie das Gemüse nicht schälen, sollte die Außenhaut fest sein. Wird die Schale entfernt, muss das Innere dicht und kompakt sein. Wenn Sie beispielsweise versuchen, eine saftige Ananas in Spiralstreifen zu schneiden, wird die Frucht auseinanderfallen.

Auf den ersten Blick scheint sich die Aubergine für den Spiralschneider zu eignen. Doch mit ihrem weichen Fruchtfleisch und ihren winzigen Samen widersetzt sie sich den Klingen. Wenn Sie eine Aubergine in den Spiralschneider einspannen, bemerken Sie beim Drehen der Kurbel sofort, dass sich die Frucht der Bewegung widersetzt. Das Fruchtfleisch wird eher gehackt und wenn dennoch Nudeln entstehen, sind sie weich und brechen leicht. Eine sehr große Aubergine ergibt nur etwa eine gute Handvoll Nudeln – eine gewaltige Verschwendung. Deshalb rate ich davon ab, Auberginen in Spiralstreifen zu schneiden, und habe sie nicht in dieses Kochbuch aufgenommen.

Was funktioniert nun wirklich gut?

Dies verrät Ihnen die folgende Liste meiner bevorzugten Obst- und Gemüsesorten, die sich gut in Spiralen oder Fäden schneiden lassen und die Grundlage der Rezepte in diesem Buch bilden. Falls Sie die ein oder andere Gemüse- oder Obstsorte in Ihrer Region weder auf dem Markt noch in gut sortierten Lebensmittelläden bekommen, halten Sie sich einfach an die vorhergehenden Richtlinien, um einen Ersatz zu finden. Manchmal hilft auch das Internet, wie im Fall von Jicama, der Yambohne, die lecker schmeckt, aber nur in sehr spezialisierten Läden erhältlich ist. Auch wenn eine Ihnen vertraute Frucht nicht in dieser Liste auftaucht, ziehen Sie die Richtlinien zu Rate, um zu prüfen, ob sie sich für den Spiralschneider eignet.

Wenn Sie eine Obst- oder Gemüsesorte auswählen, beachten Sie die Beschaffenheit, die Farbe, die Nährstoffbilanz und natürlich den Geschmack.

Wie gehen Sie vor?

Sie wissen inzwischen, warum es gut tut, in Spiralen geschnittenes Gemüse in Ihre Ernährung zu integrieren. Auch ist klar, welche Produkte Sie spiralisieren können und welche nicht – und jetzt geht es an die praktische Ausführung

Vorbereitung

Bevor Sie das Gemüse oder Obst in Ihren Spiralschneider spannen, müssen Sie es vorbereiten. Entfernen Sie Schalen, die nicht essbar sind oder die Sie nicht mögen. Beherzigen Sie aber, dass viele wichtige Vitamine und Nährstoffe in der essbaren Schale von Obst oder Gemüse sitzen.

Die Enden der Frucht oder des Gemüses sollten so gleichmäßig und flach wie möglich sein. Um runde oder spitze Enden zu begradigen, schneiden Sie einfach ein Stück ab.

Stellen Sie fest, dass sich ein spezielles Gemüse nur mühsam in Spiralen oder Fäden schneiden lässt, liegt das vielleicht an der zu kleinen Oberfläche, wodurch sich das betreffende Gemüse schlecht einspannen lässt.

Apfel	Kohlrabi
Birne	Möhre
Brokkoli (nur den Strunk)	Pastinake
	Rettich
Butternusskürbis	Rote Bete
Chayote	Steckrübe
Gurke	Süßkartoffel (und Yamswurzel)
Gelbe Bete	
Jícama (Yambohne)	Weiße Rübe
Kartoffel	Zucchini und andere Sommerkürbisse
Knollensellerie	
Kochbanane	Zwiebeln
Kohl	

Denken Sie daran, dass der Durchmesser mindestens 3,5 bis 4 cm betragen sollte. Auch müssen Sie in dem Bestreben, das Gemüse so flach wie möglich hinzubekommen, nicht nur die Enden begradigen, sondern eventuell auch essbare Teile der Frucht oder des Gemüses abschneiden. Das kann frustrierend sein, doch sollten Sie diese Reststücke aufheben, um Sie beim Kochen anderweitig zu verwenden – oder sie als kleinen Snack nebenbei essen.

Eventuell müssen Sie längliches Gemüse quer halbieren, damit Sie im Spiralschneider eine bessere Hebelwirkung erzielen. Generell sollte alles, was länger als 15 cm ist, halbiert werden. Dies trifft fast immer auf Butternusskürbis zu, mitunter aber auch auf große Süßkartoffeln, Zucchini und Gurken.

Den richtigen Messereinsatz wählen

Ist das Gemüse richtig vorbereitet, kommt der Spiralschneider zum Einsatz. Welchen Messereinsatz Sie wählen, hängt von dem ausgewählten Rezept ab und von der Art der Nudeln, die darin vorgeschlagen werden. Die meisten handelsüblichen Spiralschneider werden mit drei oder vier Messereinsätzen geliefert. In den Rezepten dieses Kochbuchs wird angegeben, welcher Einsatz (Klinge) sich jeweils am besten eignet: A, B, C oder D. Die folgenden Beschreibungen sollen Ihnen helfen, die richtige Klinge auszuwählen:

KLINGE A: Erzeugt dünne, bandartige Nudeln, die an Pappardelle erinnern.

KLINGE B: Erzeugt Nudeln, die an Fettuccine erinnern.

KLINGE C: Erzeugt Nudeln, die an Linguine und Spaghetti erinnern.

KLINGE D: Erzeugt die dünnsten Nudeln, die an Engelshaar erinnern. Dieser Einsatz sollte für dünneres Gemüse verwendet werden. Er kann auch durch Klinge C ersetzt werden.

KLINGE A

KLINGE B

KLINGE C

Mit diesen Buchstaben werden die Klingen des von mir verwendeten Spiralschneiders bezeichnet. Bei anderen Geräten sind die Einsätze nummeriert oder einfach nur abgebildet und beschrieben. Doch auch in der kargsten Bedienungsanleitung dieser Geräte wird klar, welcher Messereinsatz welche Form hervorbringt. Die meisten Klingen haben entweder kammartige Zähne oder dreieckige Dornen. Je geringer der Abstand zwischen den Zähnen ist oder je kleiner die dreieckigen Dornen sind, desto dünnere Nudeln werden geformt. Hat die Klinge gar keine Zähne oder Dornen, handelt es sich meistens um den Messereinsatz A.

Falls Sie noch keinen Spiralschneider haben, können Sie auch mithilfe eines Julienneschneiders oder Gemüsehobels Spaghetti-ähnliche Gemüsestreifen produzieren. Zwar bekommen Sie damit keine langen Nudeln hin, doch ist es allemal ein guter Anfang, um mit Gemüse-Pasta vertraut zu werden.

Mehr als Nudeln

Wenn Sie anfangen, den Spiralschneider einzusetzen, nehmen Sie höchstwahrscheinlich zuerst Pastagerichte in Angriff. Sie werden sich darüber freuen, Gemüse auf eine ganz andere Art kennen- und liebenzulernen – als Star eines Gerichtes und nicht als getreuer Handlanger. Nach einer Weile werden Sie sich jedoch fragen: »Na gut, aber was kommt als Nächstes?« Der Fantasie sind keine Grenzen gesetzt: Sie können jede Mahlzeit »spiralisieren«. Es macht immer Spaß und ist immer wieder überraschend.

Reis aus spiralisiertem Gemüse

Als ich eines Nachmittags ein paar neue Kochmethoden ausprobierte, ließ ich Nudeln aus Butternusskürbis in kochendes Wasser gleiten. Ein großer Fehler: Die Nudeln fielen auseinander und lösten sich quasi auf. Das Experiment war offenkundig schief gegangen – zumindest bis ich plötzlich erkannte, dass die »Nudeln« jetzt genau

Mit Gemüse-Reis kochen

	MENGE ROH (ERGIBT 1 BIS 2 PORTIONEN)	ROH ODER GEKOCHT	GARZEIT (MINUTEN)
Bete (rot oder gelb)	1 mittelgroße Knolle	beides	10
Butternusskürbis	Fruchtfleisch eines mittelgroßen Kürbisses	gekocht	10 bis 15
Daikon-Rettich*	ca. 20 cm lang	beides	5 bis 10
Knollensellerie	mittelgroß, ca. 600 g	beides	10 bis 15
Kochbanane	180 g	gekocht	10 bis 15
Kohlrabi	mittelgroß, ca. 250 g	beides	5 bis 10
Möhre	ca. 200 g	roh	5 bis 10
Steckrübe	400 g	gekocht	10 bis 15
Süßkartoffel	300 g	gekocht	10 bis 15
Weiße Rübe*	450 g	beides	10
Zucchini	ca. 300 g	beides	2 bis 3

*Nach dem Zerkleinern in der Küchenmaschine und vor dem Kochen die überschüssige Feuchtigkeit herausdrücken.

wie Reis aussahen! Ich nahm den Ball auf und kreierte Spanischen Reis mit Schinken und Oliven, gebratenen Süßkartoffel-Reis, Erbsen-Risotto und sogar Kochbananen-Reis mit Bohnen. Rasch erkannte ich, dass diese Technik genauso spannend wie die Herstellung von Gemüse-Nudeln war.

Der Gemüse-Reis macht teure Reiskocher überflüssig, ebenso wie wässrigen Kochbeutelreis oder matschige, mit Konservierungsmitteln belastete Reisgerichte aus dem Tiefkühlregal. Stattdessen können Sie in weniger als 5 Minuten eine vollständig naturreine und nahrhafte Variante auf den Tisch bringen. Durch diesen Trick wird es möglich, viele Ihrer Lieblingsgerichte neu zu erfinden, in erster Linie jene, die einen immer wieder in Versuchung führen. Gefüllte Paprikaschoten, Risottos und Pilaws, Aufläufe, Currys und Paella – was immer Sie wollen. Gemüse-Reis lässt sich aus allen Gemüsesorten herstellen, die man spiralförmig schneiden kann – mit Ausnahme derjenigen, die einen hohen Wassergehalt aufweisen. Die nachfolgende Übersicht zeigt, welches Gemüse den besten Reis liefert und wie lange man die angegebene Menge kochen sollte. Ob Sie die angegebenen Mengen in ein oder zwei Portionen aufteilen, hängt vom Rezept bzw. von Ihrem Appetit ab.

Es gibt viele Möglichkeiten, Gemüse-Reis zu verwenden:

IM OFEN GEBACKEN: Gemüse-Reis macht sich gut in Aufläufen. Man kann ihn roh zufügen und dann langsam garen lassen, bis er durchgekocht ist.

IN DER PFANNE SAUTIERT: Dünsten Sie den Gemüse-Reis mit dem Öl Ihrer Wahl an, wenden Sie ihn gelegentlich und würzen Sie ihn ganz nach Ihrem Geschmack.

IN BRÜHE ODER SAUCE GEKÖCHELT: Fügen Sie den Gemüse-Reis einer leise köchelnden Sauce zu oder gießen Sie Brühe über den Reis und lassen ihn so lange simmern, bis er gar ist.

Gemüse-Brötchen

Meine Vision eines Brötchens, das aus Gemüsestreifen hergestellt wird, entstand im Sommer 2013 während des Ramen-Burger-Hypes in Williamsburg, Brooklyn. In Smorgasburg, einem angesagten Street Food Market in New York, standen Hunderte Menschen an, um einen Ramen-Burger zu ergattern. Diese sehen genauso aus, wie man sich das vorstellt: ein Burger in einem Brötchen, das aus vorgefertigten Ramen-Nudeln (einer kalorienreichen japanischen Nudelsorte) besteht. Als ich das sah, beschloss ich sofort, eine gesündere Variante herzu-

Herstellung von spiralisiertem Gemüse-Reis

Schneiden Sie das rohe Gemüse Ihrer Wahl mit Messereinsatz C oder D in Spiralstreifen. Geben Sie die Streifen in einen Multizerkleinerer (Küchenmaschine) und zerkleinern Sie alles so lange, bis eine reisartige Konsistenz entstanden ist. Handelt es sich um eine Gemüsesorte, die viel Wasser hat, drücken Sie den Gemüse-Reis über dem Spülbecken aus, um vor dem Garen überschüssige Feuchtigkeit zu entfernen.

stellen – und das habe ich auch gemacht (siehe Rezept unten).

Gemüse-Brötchen sind nicht nur glutenfrei, sondern enthalten im Gegensatz zu den herkömmlichen Weizen- oder Kartoffelbrötchen auch jede Menge Nährstoffe. Man kann sie für Burger, normale Sandwiches oder auch als Grundlage für Mini-Pizzas verwenden. Werfen Sie einen Blick auf die nachfolgende Tabelle, die zeigt, welche Gemüse sich am besten für Brötchen eignen und wie viele Brötchen sie jeweils liefern.

Mit Gemüse Brötchen backen

GEMÜSESORTE	MENGE (BRÖTCHEN)
Große Kartoffel (alle Varianten)	2 bis 3
Großer Knollensellerie	3 bis 4
Große Kochbanane	1 bis 2
Große Pastinake	1 bis 2
Große Steckrübe	6

Lassen Sie uns kochen!

Ich bin weder eine ausgebildete Köchin noch habe ich jemals in einer Restaurantküche gearbeitet. Ich habe definitiv schon öfter Fleisch zu Tode gebraten, Eier beim Trennen zerdrückt und bin nicht in der Lage, ganz nebenbei mühelos Knoblauch zu hacken. Aber das macht nichts. Beim Kochen gibt es eigentlich kein Richtig oder Falsch. Wer das Kochen liebt, aber weder die Möglichkeit noch die Lust zu einer Kochlehre hat, kann durch einfaches Ausprobieren schon sehr viel erreichen. Wer anfängt, mit dem Spiralschneider zu arbeiten, hat wirklich Spaß in der Küche, denn zum einen macht das Spiralschneiden Freude und geht leicht von der Hand, zum anderen verwandeln Sie Ihre Mahlzeiten so auf gesunde und überraschende Weise.

Seit ein paar Jahren benutze ich den Spiralschneider fast täglich und noch dazu mehrmals am Tag. Ich habe versucht, jedes auch nur vorstellbare Gemüse und Obst in Spiralstreifen- oder Spaghetti-ähnliche Fäden zu schneiden und dabei jede Menge guter und schlechter Er-

Zubereitung von spiralisierten Gemüse-Brötchen

Das Gemüse Ihrer Wahl mit dem Messereinsatz C in Spiralstreifen schneiden und in einer großen Pfanne sautieren. Nach Belieben würzen. Die Gemüsestreifen in eine mittelgroße Schüssel geben. Ein Ei hinzufügen und die Zutaten mischen, bis sich alles miteinander verbunden hat. Die Mischung in Auflaufförmchen füllen und mithilfe eines Stücks Folie oder Wachspapier mit den Händen in die Förmchen drücken. Die Förmchen 15 Minuten im Kühlschrank ruhen lassen. Anschließend einen Esslöffel Olivenöl auf mittlerer Stufe in einer großen Pfanne erhitzen. Wenn das Öl zu schimmern beginnt, jedes Gemüse-Brötchen aus seinem Förmchen in die Pfanne stürzen. Die Brötchen rund 5 Minuten lang scharf anbraten, bis sie fest und auf beiden Seiten gebräunt sind.

fahrungen gesammelt. In meinen nachfolgenden Tipps und Tricks finden Sie demzufolge jegliche Informationen und Warnungen, die Sie für einen durchweg positiven Einstieg brauchen.

Spiralschneider sofort säubern

Verschiedene Gemüse (Beten, Möhren, Süßkartoffeln) haben eine kräftige Farbe und stecken voller Farbstoffe, Öle und Säfte, die auf Ihrem Spiralschneider Flecken hinterlassen, wenn Sie nicht aufpassen. Ich empfehle die Anschaffung einer runden Handbürste, die nur zum Säubern des Spiralschneiders dienen sollte. Damit wird es leichter, die Klingen zu schrubben und Verfärbungen zu entfernen, bevor sie sich einfressen können. Benutzen Sie Wasser und Spülmittel und säubern Sie das Gerät gleich im Anschluss an seinen Einsatz. Da die Klingen ziemlich scharf sind, sollten Sie eine Bürste mit sehr strapazierfähigen Kunststoffborsten kaufen und möglichst nie gegen den Strich bürsten. Solche Bürsten kosten mehr als normale Spülbürsten, halten dafür aber deutlich länger. Nicht alle Hersteller von Spiralschneidern geben an, welche Teile des Geräts spülmaschinenfest sind. Im Zweifelsfall bleiben Sie besser beim Abwasch per Hand.

Wie man wässrige Zucchini-Nudeln austrickst

Die häufigste Frage, die mir meine Leser per E-Mail stellen, lautet: »Warum schwimmen meine Zucchini-Nudeln in so viel Flüssigkeit?« Wenn Sie dazu eine Sauce auf Tomatenbasis servieren, können Sie kaum vermeiden, dass sich auf Ihrem Teller zusätzliche Flüssigkeit bildet. Je länger die Zucchini-Nudeln in solch einer Sauce ziehen, desto mehr Zeit haben sie, ihre natürliche Feuchtigkeit freizusetzen, wodurch das ganze Gericht wässrig wird. Nun, das ist nicht überraschend, da Zucchini zu 95 Prozent aus Wasser bestehen. Was ist nun die gute Nachricht daran? Wasserreiche Nahrungsmittel reinigen Ihren Körper auf

natürliche Art, indem sie pro Tag bis zu einem Liter Flüssigkeit liefern. Da die meisten Gemüse reich an Ballaststoffen und Wasser sind, werden sie schneller verdaut als andere Nahrungsmittel und ermöglichen es dem Körper deshalb, seine Energie zum Abtransport mehr oder weniger giftiger Stoffe anstatt zum Verdauen zu nutzen.

Aber es gibt natürlich auch Möglichkeiten, die sich bildende Menge an Wasser zu begrenzen. Hier verrate ich einige der wichtigsten Tricks und Kniffe:

70 PROZENT NUDELN, 30 PROZENT SAUCE. Legen Sie das Schwergewicht auf die Nudeln – servieren Sie mehr davon oder einfach weniger Sauce.

TUPFEN SIE DAS GEMÜSE VOR DEM KOCHEN GRÜNDLICH TROCKEN. Besonders wichtig ist dies bei Gurken-Nudeln. Wenn Sie die Gemüsestreifen mit Küchenpapier oder einem Küchentuch trocken tupfen, entfernen Sie die überschüssige Feuchtigkeit, die bei der Herstellung von Gemüsestreifen oder -fäden aus dem Fruchtfleisch austritt.

KOCHEN SIE DIE PASTASAUCE STARK EIN. Lassen Sie die Sauce so lange köcheln, bis sie eingedickt und jegliche überschüssige Flüssigkeit verschwunden ist. Hierdurch wird nicht nur der Geschmack intensiver, sondern es gelangt auch weniger Feuchtigkeit an Ihre Zucchini-Nudeln.

ERGÄNZEN SIE DAS GERICHT DURCH ZUTATEN, DIE FEUCHTIGKEIT AUFNEHMEN. Geben Sie Bohnen, Käse, Fleisch und Brösel aus Vollkornweizenbrot dazu. Sie alle nehmen Feuchtigkeit auf und dicken dadurch die Sauce an.

LASSEN SIE DIE ZUCCHINI-NUDELN GUT ABTROPFEN, BEVOR SIE DIE SAUCE DAZUGEBEN. Wenn Sie genügend Zeit haben und zusätzliches schmutziges Geschirr nicht scheuen, garen Sie die Nudeln mit einem Hauch von Öl kurz in einer erhitzten Pfanne. Lassen Sie die Gemüsestreifen in einem Sieb gut abtropfen. Kurz vor dem Servieren und bevor Sie die Sauce darüber geben, tupfen Sie die Zucchini-Nudeln noch mal trocken.

BENUTZEN SIE EINE PASTAZANGE, DAMIT DIE NUDELN BEIM SERVIEREN ABTROPFEN KÖNNEN. Kippen Sie beim Servieren niemals den Inhalt Ihrer Pfanne einfach auf den Teller. Nehmen Sie die servierfertigen Zucchini-Nudeln mit einer Pastazange heraus, um so dafür zu sorgen, dass überschüssige Feuchtigkeit in der Pfanne bleibt oder abtropft.

Die Nudeln mit der Schere kürzen

Ließe sich ein Gemüse völlig problemlos mit dem Spiralschneider schneiden, bekämen Sie eine unwahrscheinlich lange Nudel. Eine Leserin schickte mir einmal ein Video von ihrem Kind, das mit einer Zucchini-Nudel Seilspringen spielte. Lange Nudeln von einem perfekt geraden und gleichmäßigen Gemüse lassen sich jedoch schlecht servieren und portionieren. Um sich das Servieren zu erleichtern, sollten Sie die Gemüse-Nudeln vor dem Garen mit einer Küchenschere kürzen. Ob Sie dabei exakt auf die gleiche Länge achten oder einfach ein Bündel nehmen und nach Augenmaß vorgehen, ist völlig egal. Wie auch immer – das Ergebnis sind kürzere Nudeln, die sich leichter auf dem Teller anrichten und einfacher essen lassen. Wenn Sie diesen Arbeitsschritt vergessen haben, kein Problem, die Gemüse-Nudeln können Sie auch noch nach dem Garen klein schneiden.

Halbmondförmige Nudeln vermeiden

Wenn Sie Gemüse-Nudeln herstellen, werden Sie feststellen, dass der Spiralschneider ab und zu halbmondförmige Formen produziert. Das passiert meistens, wenn das Gemüse nicht mehr richtig zentriert ist. Um dies zu vermeiden, unterbrechen Sie die Arbeit und positionieren Sie das Gemüse oder die Frucht erneut so, dass es genau in der Mitte der zylindrischen Klinge sitzt. Bei kleinerem Gemüse müssen Sie dies vermutlich mehrfach wiederholen. Sorgen Sie auch dafür, dass die Gemüse-Enden flach sind. Ungleichmäßige Endstücke lassen sich nicht richtig in den Spiralschneider einspannen, wodurch sich das Gemüse verschieben und falsch ausrichten kann.

Stehen Sie am Ende dennoch mit einem Haufen halbmondförmiger Stücke da, werfen Sie diese nicht weg. Verwenden Sie den »Ausschuss« in einem Gemüsepasta-Salat, die Stück-

chen machen sich gut im Dressing und erinnern an Hörnchennudeln.

Vorbereitete Gemüsestreifen aufbewahren

Wer seine Ernährung auf gesündere Kost umstellen möchte, muss bei der Stange bleiben und Versuchungen vermeiden. Machen Sie daher die Essensplanung zu Ihrem besten Freund. Nichts ist schlimmer als der Blick in einen fast leeren Kühlschrank. Wenn das passiert, bestellen Sie vermutlich eine Pizza oder holen sich irgendeinen Fast-Food-Snack.

Um solche Situationen auszuschließen, kann man vorbereitete Gemüse-Nudeln und Gemüse-Reis-Varianten auf Vorrat halten. Jegliche Gemüse-Nudeln lassen sich im Voraus zubereiten und für die zukünftige Verwendung in einem luftdicht verschlossenen Behälter im Kühlschrank oder Gefriergerät aufheben. Legen Sie den Behälter vorher mit Küchenpapier aus.

Alle Gemüse-Nudeln halten sich bis zu 4 Tage lang im Kühlschrank. Nach 4 oder 5 Tagen werden sie jedoch steif und verlieren ihren Geschmack. Von dieser Regel gibt es folgende Ausnahmen:

GURKEN halten sich aufgrund ihres sehr hohen Wassergehalts nur 2 bis 3 Tage im Kühlschrank.

ÄPFEL, BIRNEN UND KARTOFFELN werden braun (oxidieren), wenn man sie in Spiralstreifen schneidet, und lassen sich daher nur schlecht im Voraus vorbereiten.

Gut einfrieren lassen sich zum Beispiel Gemüse-Nudeln aus Süßkartoffeln, Steckrüben, Möhren, Beten, Butternusskürbis, Pastinaken, Knollensellerie, Kohlrabi und Brokkoli-Strünken. Beim Auftauen fallen sie zusammen, wodurch sie sich noch leichter kochen lassen.

Sie können auch die Reste ganzer Mahlzeiten, die mithilfe des Spiralschneiders zubereitet wurden, ein paar Tage lang im Kühlschrank aufheben. Denken Sie jedoch an Folgendes: Je länger Gurken- oder Zucchini-Nudeln im Kühlschrank aufbewahrt werden, desto mehr überschüssige Feuchtigkeit setzen sie im Lauf der Zeit frei. Wenn Sie dieses Gemüse dann wieder erhitzen mochten, gießen Sie zunächst einen Teil der Flüssigkeit ab, damit Sie keine wässrige Sauce bekommen. Bei anderen Gemüse-Nudeln treten in dieser Hinsicht keine Probleme auf.

Die »inspiralisierte« Küche

Bestimmte Küchenutensilien helfen Ihnen, die Rezepte in diesem Buch ganz einfach nachzukochen. Folgende Küchenhelfer erleichtern die Arbeit (nach ihrer Wichtigkeit sortiert):

MULTIZERKLEINERER: Dieses Gerät ist nicht nur erforderlich, um Gemüse-Reis zu produzieren, sondern hilft auch bei der Herstellung von gut durchgemischten Salatdressings, Pastasaucen und Brotbröseln. Die Maschine muss nicht so groß sein, dass sie kaum in die Küche passt – ich benutze eine mit einem Fassungsvermögen von 750 ml, was völlig ausreichend ist.

PASTAZANGE: Um die Gemüse-Nudeln richtig zu garen, brauchen Sie eine Zange, mit der Sie die Streifen wenden können. Dieses Hilfsmittel leistet auch beim Servieren gute Dienste. Ich empfehle ein Modell aus Silikon, weil sich die empfindlichen Gemüsestreifen damit sehr schonend greifen lassen.

HOCHWERTIGES KOCHMESSER: Bevor ich mit dem Kochen anfing, habe ich nie begriffen, warum Küchenprofis so auf ihre Messer fixiert sind, doch inzwischen ist mir ein Licht aufgegangen. Einige Gemüse lassen sich nur unter Mühen schälen und für den Spiralschneider vorbereiten, etwa Knollensellerie, Butternusskürbis und Steckrüben. Ohne ein hochwertiges Messer, das wie von selbst durch das Fruchtfleisch gleitet, wird Ihre Freude am Kochen vermutlich nachhaltig gedämpft.

PFANNE MIT ANTIHAFTBESCHICHTUNG: Alle meine Rezepte setzen eine solche Pfanne voraus, und zwar aus einem ganz einfachen Grund. Wer Gemüse-Pasta in einer normalen Pfanne gart, macht unter Umständen üble Erfahrungen. Die Nudeln bleiben am Boden und Rand kleben, zerreißen und fallen auseinander. Wenn Sie noch keine Pfanne mit Antihaftbeschichtung besitzen, legen Sie sich für den Anfang eine große zu – Sie können Ihre Sammlung später erweitern. Ich empfehle Pfannen mit einem Durchmesser von 20, 24 und 28 cm.

GEMÜSESCHÄLER: Möhren, Beten, Butternusskürbis, Steckrüben, Kohlrabi, Knollensellerie und Kochbananen müssen vor der Verarbeitung mit dem Spiralschneider geschält werden. Andere Gemüse, wie etwa Zucchini, können geschält werden, wenn man weichere Nudeln bevorzugt, notwendig ist dies jedoch nicht. Der Versuch, Gemüse mit dem Messer zu schälen, ist oftmals wenig effizient, mühsam, verletzungsträchtig und zeitintensiv. Ich benutze zwei Gemüseschäler – einen mit Zähnen für Gemüse mit sehr harter Schale und einen ohne Zähne für weichere Sorten wie etwa Zucchini.

RUNDE HANDBÜRSTE: Eine Bürste, die nur zum Säubern Ihres Spiralschneiders dient. Detailliertere Ausführungen finden Sie auf Seite 27.

Zu den weiteren wichtigen Küchenhelfern zählen Pfannenheber, Schneidbrett und mindestens zwei Backbleche. Ebenfalls nützlich, aber unter Umständen entbehrlich sind ein Hochleistungsmixer, ein Langsamkocher und eine Grillpfanne.

Die »inspiralisierte« Vorratshaltung

Wenn Sie in Ihrer Küche leckere Gewürze und Lebensmittel vorrätig halten, geraten Sie beim Einkauf im Supermarkt nicht so schnell in Versuchung, ganz gleich, ob Sie nun mit dem Spiralschneider kochen oder nicht. Viele der folgenden Zutaten tauchen in diesem Kochbuch immer wieder auf, da sie perfekt dafür geeignet sind, Ihre Mahlzeiten mit jeder Menge Geschmack anzureichern – und dies ganz einfach, preiswert und ohne zusätzliche Kalorien, Kohlenhydrate oder Fett ins Spiel zu bringen. Wenn diese Dinge zur Hand sind, können Sie jederzeit ein nahrhaftes Mahl zaubern.

OLIVENÖL EXTRA VERGINE: Als herzgesundes Fett eignet sich Olivenöl hervorragend für alle möglichen Zwecke, angefangen vom Salatdressing bis hin zu Pfannengerichten. Die meisten meiner Rezepte beginnen mit einem Esslöffel Olivenöl, das Ihnen hilft, auf die täglich empfohlene Menge an Nahrungsfett zu kommen. Vergessen Sie jedoch nicht, dass Olivenöl sehr viele Kalorien enthält und nur in begrenzter Menge Verwendung finden sollte, wenn Sie abnehmen möchten.

NATIVES KOKOSÖL: Kokosnüsse sind wahre Nährstoffbomben. In Form von Öl verleihen sie Ihren Mahlzeiten einen leichten Kokosgeschmack und damit verbunden viele Nährstoffe – besonders gut funktioniert das mit Asia-Saucen. Kokosöl ist sehr kalorienhaltig und sollte nur in Maßen konsumiert werden, wenn Sie schlanker werden möchten.

AUSGEWÄHLTE BOHNEN IN DER DOSE: Ich achte immer darauf, dass mein Vorratsregal mit Cannellini-Bohnen, Kichererbsen, schwarzen Bohnen und Pintobohnen bestückt ist. Sie stellen eine schnell und leicht zugängliche Eiweißquelle dar, mit der sich jede Mahlzeit ergänzen lässt.

SALZARME HÜHNER-, RINDFLEISCH- UND GEMÜSEBRÜHE: Mithilfe von Brühe lässt sich jedes Gemüse-Nudelgericht auf gesunde Art mit Geschmack anreichern.

SESAMÖL: Geröstetes Sesamöl eignet sich hervorragend, Asia-Dressings, Pfannengerichten und Suppen Geschmack zu verleihen.

NÜSSE UND SAMEN: Beide Zutaten sind mit gesunden Fetten und Proteinen voll gepackt. Ergänzen Sie damit Gemüse-Pasta- und Reisgerichte oder Salate. Ich streue gern gehackte Pistazien über Zucchini-Pasta oder Kürbiskerne über ein Gemüse-Pasta-Gericht mit schwarzen

Bohnen und Avocado – das sorgt für ein Aroma mit Mexiko-Flair. Eine ebenfalls sehr gute Wahl sind Mandeln, Walnüsse, Cashewkerne, Erdnüsse, Macadamia- und Paranüsse!

KONSERVEN MIT HELLEM THUNFISCH (IN WASSER): Diese Thunfischart weist den geringsten Gehalt an Quecksilber auf. Da der Fisch in Wasser und nicht in Öl eingelegt ist, bezieht er auch keine überflüssigen Kalorien oder Fette aus dem Öl. Darüber hinaus stellt er eine magere Eiweißquelle dar, die man nicht einmal zu kochen braucht!

SALZARME SOJASAUCE: Sie harmoniert gut mit Sesamöl und ist ideal für schnell zubereitete, von der asiatischen Küche inspirierte Gerichte mit jeder Menge Geschmack und geringer Vorbereitungszeit. Da Sojasauce einen sehr hohen Salzgehalt hat, achten Sie darauf, eine salzarme Variante zu kaufen.

ROTWEINESSIG: Mit seinem spritzigen, frischen Geschmack und seinem geringen Kaloriengehalt ist Rotweinessig das Nonplusultra für leichte Salatdressings.

BALSAMICO: Lasten Sie es ruhig meinen italienischen Wurzeln an, aber ich bin überzeugt, dass Balsamico der beste Essig ist. Er liefert eine leichte, schmackhafte Marinade, die nur wenig Kalorien hat. Wird er einem Dressing beigemischt, sorgt er für einen säuerlichen Kick.

APFELESSIG: Dieser aus Äpfeln gewonnene Essig lässt sich anstelle von Rotweinessig oder Balsamico gut in Dressings und Marinaden verwenden. Er hat unglaubliche entgiftende und den Säure-Basen-Haushalt stabilisierende Eigenschaften. Sein etwas süßerer Geschmack kommt perfekt in Rohkostsalaten zur Geltung, etwa im Supergericht mit Bete und Quinoa (Seite 92).

GEWÜRZE: Ich nehme immer getrocknete Gewürze zum Kochen, da sie sowohl Geschmack als auch Nährstoffe ins Spiel bringen. Meine Lieblingsgewürze sind Chilipulver, Oregano, geräuchertes Paprikapulver, gemahlener Kreuzkümmel, Knoblauchpulver und rote Paprikaflocken.

MEERSALZ UND PFEFFERKÖRNER: Diese Standardgewürze entwickeln deutlich mehr Geschmack, wenn sie frisch gemahlen werden. Falls Sie in Ihrem Gewürzschrank eine echte Veränderung vornehmen wollen (und dies nicht schon getan haben), werfen Sie die Salz- und Pfefferstreuer weg und schaffen Sie sich stattdessen eine Salz- und eine Pfeffermühle an. Grobes Meersalz und Pfefferkörner sind weniger intensiv verarbeitet als die bereits gemahlenen Varianten und haben mehr Aroma. Sie werden sich fragen, wie Sie beim Kochen jemals ohne die beiden auskommen konnten.

PASTASAUCEN AUS DEM GLAS: Meine Großeltern wären wahrscheinlich entsetzt, aber für Notfälle habe ich immer ein Glas oder eine Packung meiner Lieblings-Tomaten-Basilikum-Pastasauce im Küchenschrank parat. Achten Sie aber darauf, dass auf der Zutatenliste ganze Tomaten stehen und weder Zucker noch Milch und möglichst auch kein Salz zugesetzt wurde.

GEWÜRFELTE TOMATEN AUS DER DOSE: Wenn wir nicht gerade Sommer haben, ist es schwer, gut schmeckende frische Tomaten zu bekommen. Deshalb sollte man besser auf gewürfelte Dosentomaten setzen. Halten Sie nach einer Variante ohne zugesetztes Salz Ausschau.

OLIVENÖL-KOCHSPRAY: Mit Kochspray lassen sich Backbleche ganz einfach fetten. Es eignet sich auch gut zum Sautieren von Gemüse-Nudeln.

Wie man dieses Buch benutzt

Wie Sie inzwischen wissen, ist Gemüse-Pasta nicht nur nahrhaft und sättigend, sondern auch ganz einfach herzustellen. Die Zubereitung mit dem Spiralschneider eignet sich für jedes Alter, alle Arten der Ernährung und jegliche Kocherfahrung. Sogar ein Student im Wohnheim bringt mithilfe von Spiralschneider und Mikrowelle einen großen Teller Gemüse-Pasta zustande!

Alle Rezepte in diesem Kochbuch stammen von mir – und damit von einer Frau mit viel Freude an gutem Essen und Interesse an einer gesunden Lebensweise. Die Gerichte sind leicht nachzukochen und enthalten Zutaten, die Sie in jedem Lebensmittelgeschäft bekommen. Rein gar nichts soll hier schwierig oder kompliziert erscheinen. Inspiriert wurden die meisten meiner Rezepte von den klassisch-italienischen Pasta-gerichten meiner Großeltern oder von Speisen, auf die ich bei Restaurantbesuchen stieß.

Da ich mir Mühe gegeben habe, nur wirklich gesunde Gerichte zu präsentieren, kommen die folgenden Zutaten in keinem meiner Rezepte vor:

Butter	Sahne
Frischkäse	Weißbrot
Mayonnaise	Zucker
Molkereimilch	

Kann man denn nicht einfach weiterhin Fettucci-ni mit Schlagsahne zubereiten und die cremige Tomatensauce mit Butter? Natürlich kann man das, und es schmeckt ganz sicher köstlich. Doch dieses Kochbuch bietet nicht einfach nur einen Ersatz für Hartweizenpasta – es ist gleichzeitig ein Clean-Eating-Kochbuch, das auf gesunde Saucen, mageres Fleisch und angemessene Mengen an Fett und Kohlenhydraten setzt. Mit diesem Kochbuch an Ihrer Seite werden Sie ganze Mahlzeiten »inspiralisieren« und nicht nur kochen! Experimentieren Sie mit diesen Rezep-ten, doch wenn Sie lieber schwach werden, nur zu. Aber denken Sie daran, dass das Maßhalten zur gesunden Ernährung dazugehört.

Obwohl ich in meinen Rezepten von den meisten Milchprodukten Abstand nehme, ste-hen einige davon auf meinem Speisezettel. Bei einer gesunden Lebensführung dreht es sich vor allem darum, was für Sie ganz persönlich funk-tioniert. Käse ist ein untrennbarer Bestandteil der Esskultur meiner Familie und beim Kochen meine größte Leidenschaft. Auf meinem Weg zum gesunden Essen musste ich irgendwo die Grenze ziehen – und für mich bedeutet das, sehr wohl Käse zu verwenden, aber nur in Maßen.

Rezeptsymbole

Jedes Rezept ist durch Symbole gekennzeichnet, die Ihnen einen schnellen Überblick über den Schwierigkeitsgrad und die Nährwerte geben. Zunächst einmal zeigt die Anzahl der Spiralen an, wie aufwendig es ist, das Gericht nachzu-kochen:

EINE SPIRALE: Sehr einfach, wenig Kochaufwand über den Einsatz des Spiralschneiders hinaus

ZWEI SPIRALEN: Mittlerer Schwierigkeitsgrad, mehr Kochaufwand

DREI SPIRALEN: Am schwierigsten, viele Schritte erforderlich, relativ intensive Weiterverarbeitung der Gemüsestreifen

Lassen Sie sich jedoch durch ein Rezept mit drei Spiralen nicht den Schneid abkaufen: Es bedeutet im Grunde nur, dass Sie wegen der zusätzlichen Arbeitsschritte für die Zubereitung etwas mehr Zeit brauchen.

In jeder Zutatenliste wird die in Spiralstreifen geschnittene Zutat folgendermaßen beschrie-ben:

1 mittelgroße Zucchini, mit KLINGE A in Spiralstreifen geschnitten

Das Gemüse sollte in Spiralstreifen geschnitten werden, bevor Sie mit dem Kochen anfangen. Dasselbe gilt für alle anderen vorbereitenden Arbeiten, etwa wenn bestimmte Zutaten ge-hackt, klein geschnitten oder gewürfelt werden sollen. Auf der Zutatenliste erscheinen die Zu-taten in der Reihenfolge, in der sie verarbeitet werden. Um das Gemüse in Spiralstreifen zu schneiden, sollten Sie genau die im Rezept be-zeichnete Klinge wählen. (Auf Seite 23 können Sie noch einmal nachlesen, welcher Messer-einsatz was tut.)

V **VEGAN:** enthält keine tierischen Produkte

VT **VEGETARISCH:** enthält weder Fleisch noch Geflügel, möglicherweise aber Milchprodukte und/oder Eier

GF **GLUTENFREI:** enthält kein Gluten

P **PALÄO:** enthält weder Milch- noch Getreideprodukte noch verarbeitete Lebensmittel

Schlussendlich werden alle Rezepte durch folgende Nährwertangaben ergänzt: Kalorien, Fett, Kohlenhydrate, Natrium, Eiweiß und Zucker, jeweils für eine Portion. Die Berechnung dieser Angaben erfolgte in erster Linie mithilfe von Daten der USDA (National Nutrient Database for Standard Reference / Landwirtschaftsministerium der Vereinigten Staaten). Die Daten basieren auf Messverfahren, die auch deutschsprachige Experteninstitutionen bei der Berechnung von Nährwerten anwenden.

Doch jetzt – haben Sie Lust zu essen? Schnappen Sie sich Ihren Spiralschneider und unterstützen Sie mich dabei, unser Verhältnis zum Gemüse zu revolutionieren. Sie werden garantiert Spaß haben, Ihren Taillenumfang eindampfen und Ihre Geschmacksknospen anregen und überraschen. Dieses Buch wurde mit Leidenschaft und Liebe geschrieben – und mit dem klaren Bekenntnis zu einem Lebensstil, der den Magen verwöhnt und gleichzeitig für ein gesundes Herz und einen ebensolchen Geist sorgt. Wie ich diesen Lebensstil nenne? *Inspiralisiert.*

FRÜHSTÜCK

Chorizo-Avocado-Zucchini-Frittata mit Manchego-Erbsensprossen-Salat

Blaubeer-Süßkartoffel-Waffeln

Frühstückspfanne mit Schinken und Steckrüben

Zimt-Walnuss-Muffins mit Eiweißkick

Chorizo-Avocado-Zucchini-Frittata mit Manchego-Erbsensprossen-Salat

ERGIBT
4 Portionen

GF

VORBEREITUNGSZEIT
20 Minuten

GARZEIT
25 Minuten

NÄHRWERTE
PRO PORTION: Frittata + Salat
Kalorien: 451
Fett: 32 g
Kohlenhydrate: 24 g
Natrium: 417 mg
Eiweiß: 48 g
Zucker: 11 g

FUNKTIONIERT AUCH GUT MIT
Kohlrabi • Kartoffeln • Pastinaken • Beten • Chayote

Wenn Sie noch niemals Pastareste in einer Frittata weiterverwendet haben, wird es Zeit, dies auszuprobieren – aber mit Zucchini-Pasta. Diese Gemüse-Nudeln verleihen der Frittata Biss, machen sie herzhaft und schenken ihr Nährstoffe. Der milde Käse und die zarten, aber spritzigen Erbsensprossen ergänzen die würzige und nahrhafte Eierspeise perfekt. Ich reiche diese Frittata auch gern zum Abendessen, aber beim Brunch entlockt sie den Gästen jedes Mal Bewunderung, wenn die Zucchini-Spiralen vorwitzig durch die gebackenen Eier lugen.

Für die Frittata

Kochspray

2 würzige Grill Chorizo (Bratwürste), Haut entfernt, Brät zerkrümelt

1 Avocado, gewürfelt

1 große Knoblauchzehe, gehackt

2 mittelgroße Zucchini, mit KLINGE C in Spiralstreifen geschnitten

3 große Eier + 9 Eiweiße, leicht verquirlt

Salz und Pfeffer

Für den Salat

2 EL Zitronensaft

3 EL Olivenöl

2 EL Sherryessig

2 TL Honig

Salz und Pfeffer

6 Handvoll Erbsensprossen, zerkleinert

40 g Manchego(-Käse), gewürfelt

Können Sie keine Erbsensprossen auftreiben, nehmen Sie einfach Brunnenkresse.

1 Die Frittata zubereiten. Den Ofen auf 190 °C vorheizen. Eine große Pfanne mit Kochspray fetten und auf mittlerer Stufe erhitzen. Ist die Pfanne so heiß, dass darin Wassertropfen zischend verdampfen, Chorizo, Avocado und Knoblauch zufügen. 5 Minuten anbraten, bis das Wurstbrät zu bräunen beginnt. Die Zucchini-Nudeln in die Pfanne geben, alles gut mischen und glatt streichen.

2 Die Eier über die Nudeln geben und nach Geschmack mit Salz und Pfeffer würzen. 2 Minuten garen lassen, bis die Eier am Boden der Pfanne zu stocken beginnen. Die Pfanne in den Ofen schieben und die Frittata rund 15 Minuten backen, bis die Eier vollständig durchgegart sind und anfangen, am Rand braun zu werden.

3 Den Salat zubereiten. In einer kleinen Schüssel Zitronensaft, Olivenöl, Sherryessig, Honig, Salz und Pfeffer gründlich verrühren. Erbsensprossen und Manchego zufügen und den Salat gut mischen.

4 Die Frittata in 4 oder 8 Stücke teilen und mit dem Salat servieren.

Blaubeer-Süßkartoffel-Waffeln

ERGIBT
2 Waffeln

GF

VORBEREITUNGSZEIT
15 Minuten

VT

GARZEIT
10 Minuten

P

NÄHRWERTE
PRO PORTION: **1 Waffel +
1/2 EL reiner Ahornsirup**
Kalorien: 150
Fett: 3 g
Kohlenhydrate: 28 g
Natrium: 70 mg
Eiweiß: 4 g
Zucker: 13 g

Diese Waffeln sind das beste Beispiel für *Clean Eating*. Schon beim ersten Bissen schmeckt man die saftigen Blaubeeren, den würzigen Zimt und die zarten Süßkartoffeln heraus. Probieren Sie dieses Rezept aus, bevor Sie zu Mehl, Zucker und Butter – oder, noch schlimmer, zu irgendeinem gefrorenen Fertigprodukt – greifen. Die Waffeln sind zwar nicht so locker wie ihre traditionellen Gegenstücke, dafür haben sie aber eine interessante Konsistenz und durch den natürlichen Zucker der Süßkartoffel eine ganz besondere Süße. Serviert man sie mit erwärmten Blaubeeren und Ahornsirup, erobern diese Waffeln ganz sicher einen Platz unter den Stars jedes Brunch-Büfetts.

1 Das Waffeleisen vorheizen.

2 Eine große Pfanne mit Kochspray fetten und auf mittlerer Stufe erhitzen. Ist die Pfanne so heiß, dass darin Wassertropfen zischend verdampfen, die Süßkartoffel-Nudeln zufügen und einen Deckel auflegen. Die Nudeln 5 bis 7 Minuten garen, bis sie vollständig weich sind.

3 Die Nudeln in eine große Schüssel füllen und Ei, Vanilleextrakt sowie die Blaubeeren zugeben. Vorsichtig mischen, bis die Nudeln mit Ei überzogen sind, und aufpassen, dass sie nicht auseinanderbrechen.

4 Das Waffeleisen mit Kochspray fetten und behutsam die Hälfte der Nudelmischung hineingeben. Dabei darauf achten, dass alle Vertiefungen mit Gemüse-Nudeln gefüllt sind. Die Waffel nach den Angaben des Herstellers backen. Die fertige Waffel nicht herausheben, sondern auf einen Teller gleiten lassen und warm stellen, bis die zweite Waffel gebacken ist. Die Waffeln mit ein wenig Ahornsirup beträufeln und servieren.

1	mittelgroße Süßkartoffel, geschält und mit KLINGE C in Spiralstreifen geschnitten
1 TL	gemahlener Zimt
	Kochspray
1	mittelgroßes Ei, leicht verquirlt
1/2 TL	Vanilleextrakt
95 g	frische Blaubeeren
1 EL	reiner Ahornsirup, nach Geschmack eventuell mehr

Mögen Sie es noch etwas süßer,
garnieren Sie die Waffeln mit
milchfreien Schokoladenstückchen.

Frühstückspfanne mit Schinken und Steckrüben

  ERGIBT
4 Portionen

GF

P

VORBEREITUNGSZEIT
10 Minuten

GARZEIT
35 Minuten

NÄHRWERTE
PRO PORTION
Kalorien: 171
Fett: 8 g
Kohlenhydrate: 10 g
Natrium: 658 mg
Eiweiß: 14 g
Zucker: 7 g

FUNKTIONIERT AUCH GUT MIT
Süßkartoffeln

Wahrscheinlich essen Sie in der Regel keinen Reis zum Frühstück, doch mit diesem Gemüse-Reis kehrt Abwechslung ein. Wenn Sie den Morgen mit einer deftigen Portion Gemüse beginnen, bleiben Sie den ganzen Tag über produktiv und konzentriert. Die Eier, die in den Vertiefungen der Steckrüben-Schinken-Pfanne garziehen und beim Servieren zerteilt werden, überziehen Reis und Schinken mit einer wärmenden, sämigen Sauce. Jeder Bissen ist leicht süß und wohlschmeckend.

1 Den Ofen auf 200 °C vorheizen.

2 Das Öl in einer großen antihaftbeschichteten Pfanne auf mittlerer Stufe erhitzen. Knoblauch, Zwiebeln und Paprikaflocken zufügen und 2 Minuten andünsten, bis die Zwiebeln glasig schimmern. Steckrüben-Reis, Schinken, Grünkohl, Paprikapulver, Kreuzkümmel und Tomaten inkl. Saft zugeben. Gründlich mischen und mit Salz und Pfeffer würzen. Die Hühnerbrühe zugießen und die Mischung unter gelegentlichem Umrühren weitere 2 bis 3 Minuten garen, bis die Flüssigkeit etwas reduziert ist.

3 Die Mischung glatt streichen und vier gleichmäßig verteilte Vertiefungen anbringen und in jede ein Ei schlagen. Die Pfanne in den Ofen stellen und das Ganze etwa 10 Minuten backen, bis die Eier fest sind.

4 Mit Petersilie garnieren und die Pfanne fürs Familienfrühstück auf den Tisch stellen. Die Menge reicht auf für sechs kleinere Portionen.

1 EL	Olivenöl
2	große Knoblauchzehen, gehackt
1	große weiße Zwiebel, gewürfelt
1 Prise	rote Paprikaflocken
1	kleine Steckrübe, geschält und mit KLINGE C in Spiralstreifen geschnitten, dann zu Reis verarbeitet (siehe Seite 25)
150 g	magerer gekochter Schinken, gewürfelt
200 g	Grünkohl, gehackt
1 TL	geräuchertes Paprikapulver
1 TL	gemahlener Kreuzkümmel
300 g	reife Tomaten, gewürfelt, Saft auffangen und mitverwenden
	Salz und Pfeffer
125 ml	salzarme Hühnerbrühe
4	große Eier
1 EL	gehackte frische Petersilie

Zimt-Walnuss-Muffins mit Eiweißkick

ERGIBT
4 große Muffins

VORBEREITUNGSZEIT
10 Minuten

GARZEIT
25 Minuten

NÄHRWERTE
PRO PORTION: **1 Muffin**
Kalorien: 130
Fett: 6 g
Kohlenhydrate: 17 g
Natrium: 114 mg
Eiweiß: 4 g
Zucker: 9 g

Ich habe die Verwendung von Proteinpulver erst entdeckt, als ich begann, Smoothies zum Frühstück zu trinken. Eines Tages gab ich ein wenig davon hinein und habe nie mehr damit aufgehört – das Proteinpulver beschert mir ein viel länger anhaltendes Sättigungsgefühl. Heute gebe ich es sogar zu Backwerk dazu. Mit diesen würzig-süßen Muffins bleiben Sie den ganzen Vormittag über satt und zufrieden.

1 Den Ofen auf 190 °C vorheizen.

2 In einer mittelgroßen Schüssel den Süßkartoffel-Reis mit Zimt, Proteinpulver und Backpulver verrühren. Das Ei, den Honig und Vanilleextrakt hinzufügen und das Ganze gründlich mischen. Rosinen und Walnüsse unterheben.

3 Ein Muffinblech mit vier großen Mulden mit einem Hauch Kochspray fetten. Den Teig mit einem Löffel gleichmäßig auf die Mulden verteilen und 23 bis 25 Minuten im Ofen backen. Die Muffins sind fertig, wenn ein in die Mitte gestochener Holzspieß sauber wieder herauskommt. Das Blech aus dem Ofen nehmen und 1 bis 2 Minuten abkühlen lassen, dann stürzen, um die Muffins zu lösen. Die Muffins vor dem Servieren 5 Minuten abkühlen lassen.

1	mittelgroße Süßkartoffel, geschält und mit KLINGE c in Spiralstreifen geschnitten, dann zu Reis verarbeitet (siehe Seite 25)
1/4 TL	gemahlener Zimt
1 EL	Proteinpulver
1/4 TL	Backpulver
1	großes Ei
1 EL	Honig
1/4 TL	Vanilleextrakt
2 EL	Rosinen
30 g	Walnüsse, gehackt
	Kochspray

Wenn Sie für dieses Rezept Proteinpulver mit Vanillegeschmack benutzen, lassen Sie den Vanilleextrakt weg. Ich bevorzuge Proteinpulver auf pflanzlicher Basis, etwa aus Erbsen oder Naturreis gewonnene Produkte.

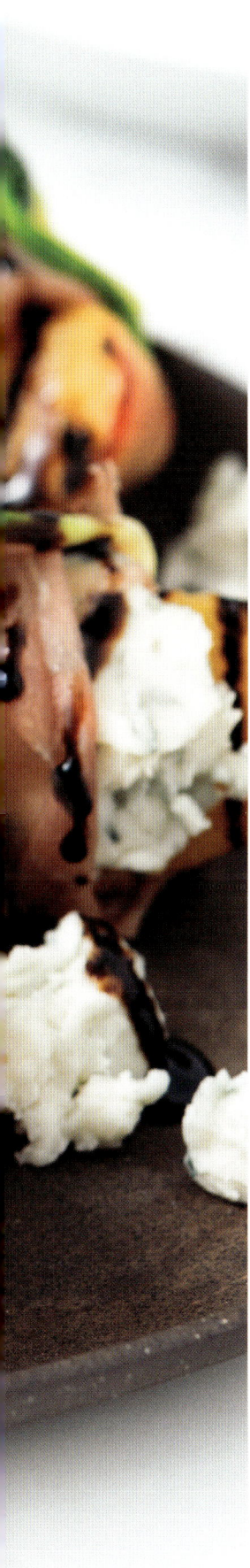

SNACKS & BEILAGEN

Salsa mit Gurke, Avocado und Erdbeeren

Birnen-Nudeln mit Emmer, Kirschen, Walnüssen und Ziegenkäse

Zitronen-Knoblauch-Brokkoli mit Bacon

Glasierte Balsamico-Pfirsiche mit Prosciutto und Roquefort

Mango-Avocado-Gurken-Frühlingsrollen mit Sriracha-Limetten-Dip

Salsa mit Gurke, Avocado und Erdbeeren

ERGIBT
4 Portionen

VORBEREITUNGSZEIT
15 Minuten

NÄHRWERTE
PRO PORTION:
Kalorien: 90
Fett: 5 g
Kohlenhydrate: 14 g
Natrium: 7 mg
Eiweiß: 2 g
Zucker: 7 g

Wer sagt, dass eine Salsa aus perfekt in Würfel geschnittenen Zutaten bestehen muss? Ganz sicher nicht diejenigen von uns, die schon »inspiralisiert« sind! Es wird Zeit, dass Sie Ihre Salsas durch halbmondförmige Gurkenscheiben aufpeppen. Wann immer ich zu einem Barbecue oder einer Sportveranstaltung eingeladen bin und weiß, dass es dort kaum gesundes Essen geben wird, bringe ich diesen sättigenden Snack mit. Es macht nicht nur Spaß, ihn zu essen – er bringt mich auch schnell ins Gespräch mit anderen.

1 Um die Feuchtigkeit aufzunehmen, die Gurken-Nudeln mit Küchenpapier trocken tupfen.

2 Gurken-Nudeln, Erdbeeren, Avocado, Koriander, Chilischote und Zwiebeln in einer großen Schüssel mischen. Honig und Limettensaft in einer kleinen Schüssel verrühren und mit Salz und Pfeffer würzen. Das Dressing über die Salsa gießen und alles gut mischen. Mit Chips oder klein geschnittenem rohen Gemüse servieren.

1	große Gurke, Kerne entfernt, der Länge nach halbiert und mit KLINGE C in Spiralstreifen geschnitten
220 g	frische Erdbeeren, geputzt und zerkleinert
1	sehr reife Avocado, gewürfelt
1 EL	gehackter frischer Koriander
1	kleine Chilischote (am besten Jalapeño), entkernt und fein gehackt
1	mittelgroße rote Zwiebel, fein gehackt
1 TL	Honig
	Saft von 1 Limette
	Salz und Pfeffer

Wenn Sie diese Salsa im Voraus zubereiten, fügen Sie die Gurken-Nudeln erst im letzten Moment hinzu, damit sich nicht zu viel Feuchtigkeit bildet. Die Salsa reicht auch für sechs kleinere Portionen.

Birnen-Nudeln mit Emmer, Kirschen, Walnüssen und Ziegenkäse

ERGIBT
3 Portionen

VT

VORBEREITUNGSZEIT
10 Minuten

GARZEIT
20 Minuten

NÄHRWERTE
PRO PORTION:
Kalorien: 348
Fett: 18 g
Kohlenhydrate: 42 g
Natrium: 136 mg
Eiweiß: 8 g
Zucker: 17 g

Obwohl sich dieses Kochbuch auf die Fahne geschrieben hat, Reis und Nudeln durch Gemüse zu ersetzen, heißt das noch lange nicht, dass ich komplett auf Getreide verzichte. Ganz im Gegenteil! Mit seinem herrlich nussigen Geschmack und seiner angenehmen Konsistenz im Mund gehört Emmer (im Bioladen erhältlich) zu meinem Lieblingsgetreide. Der cremige Ziegenkäse sowie die Süße der Kirschen und Birnen-Nudeln harmonieren perfekt mit seiner bissfesten Konsistenz. Ich habe immer eine Tüte Emmer zur Hand und mische ihn gern in Salate und Gemüsegerichte. Mein Großvater hat mich mit diesem Getreide vertraut gemacht und mir erzählt, dass es schon die römischen Legionen satt gemacht hat. Wenn Emmer für die Römer gut genug war, ist er das auch für mich!

1 Einen Liter Wasser in einer großen Kasserolle bei starker Hitze zum Kochen bringen. Den Emmer und eine Prise Salz hineingeben und 15 Minuten garen, bis er bissfest ist (Die Anleitung auf der Packung beachten.). Abgießen und gut abtropfen lassen.

2 Die Walnüsse bei mittlerer Hitze in einer mittelgroßen antihaftbeschichteten Pfanne 2 bis 3 Minuten rösten, bis sie beginnen zu duften und leicht gebräunt sind.

3 Das Dressing zubereiten. Alle Dressing-Zutaten in den Mixer geben und pürieren, bis eine gleichmäßige, samtige Konsistenz entstanden ist.

4 Emmer, Birnen-Nudeln, Walnüsse und Kirschen in eine große Schüssel geben. Mit dem Dressing übergießen und das Ganze gut mischen. In eine Servierschüssel füllen und den zerbröckelten Ziegenkäse darüber geben.

200 g	Emmer
	Salz
65 g	Walnüsse, gehackt

Für das Dressing

1 EL	Honig
1 EL	Balsamico
	Salz und Pfeffer
2 EL	Olivenöl
2 EL	Zitronensaft
1 EL	körniger Dijon-Senf
2 TL	gehackte frische Petersilie
2	mittelgroße Bosc-Flaschenbirnen (oder eine andere feste Birnensorte), mit KLINGE C in Spiralstreifen geschnitten
150 g	frische Kirschen, entsteint und halbiert
60 g	Ziegenkäse, zerbröckelt

Wenn Sie sich getreidefrei ernähren, ersetzen Sie den Emmer durch gehackten Mangold oder Spinat.

Zitronen-Knoblauch-Brokkoli mit Bacon

ERGIBT
4 Portionen

GF

VORBEREITUNGSZEIT
5 Minuten

GARZEIT
15 Minuten

NÄHRWERTE
PRO PORTION:
Kalorien: 305
Fett: 12 g
Kohlenhydrate: 33 g
Natrium: 332 mg
Eiweiß: 16 g
Zucker: 8 g

FUNKTIONIERT AUCH GUT MIT
Zucchini

Mein Großvater hat ein unglaublich einfaches Gericht aus Brokkoli, Knoblauch und Olivenöl im Repertoire. Im Grunde schwimmt der Brokkoli in jeder Menge Olivenöl und wenn man mit der Gabel ein Röschen aufspießt, muss man es einen Moment lang abtropfen lassen, bevor man es in den Mund schiebt. So sehr ich diese Variante auch liebe – ich bekomme davon immer ein wenig Bauchschmerzen. Das hier vorgestellte Rezept bringt durch den Bacon zusätzlich Geschmack ins Spiel und kommt mit deutlich weniger Olivenöl aus. Gleichzeitig verwertet es den gesamten Brokkoli, mitsamt dem Strunk. Hier zeigt sich die extreme Vielseitigkeit des Spiralschneiders in ihrer ganzen Bandbreite – erstaunlich, was man aus ganz alltäglichem Gemüse zaubern kann!

1 Eine große Kasserolle zur Hälfte mit Salzwasser füllen und dieses bei starker Hitze zum Kochen bringen. Brokkoli-Röschen und Brokkoli-Nudeln hineingeben und 2 bis 3 Minuten garen lassen, bis sich das Gemüse leicht mit einer Gabel einstechen lässt. Abgießen und trocken tupfen.

2 Eine große Pfanne auf mittlerer Stufe erhitzen und mit Kochspray fetten. Ist die Pfanne so heiß, dass darin Wassertropfen zischend verdampfen, die Bacon-Scheiben nebeneinander hineinlegen (notfalls in mehr als einem Durchgang) und auf jeder Seite 3 Minuten braten, bis sie gebräunt und so knusprig wie gewünscht sind. Auf einem mit Küchenpapier ausgelegten Teller beiseite stellen und abtropfen lassen.

3 Die Pfanne auswischen, auf den Herd zurückstellen und, wiederum bei mittlerer Hitze, das Öl zufügen. Wenn das Öl zu schimmern beginnt, Brokkoli-Röschen, Brokkoli-Nudeln und rote Paprikaflocken in die Pfanne geben. Mit Salz und Pfeffer würzen. Den Deckel auflegen und die Gemüsemischung 2 Minuten garen, dabei zwei-, dreimal umrühren. Knoblauch, Zitronensaft und Zitronenschale hinzufügen und das Ganze wiederum zudeckt weitere 5 Minuten dünsten, bis der Brokkoli leicht gebräunt ist.

4 Die Pfanne vom Feuer nehmen und den Käse unterrühren. Das Gericht mit den Baconscheiben anrichten und heiß servieren.

3	große Brokkoli mit Strunk (Zubereitung: siehe Tipp)
	Kochspray
6	Scheiben Bacon (Frühstücksspeck)
2 EL	Olivenöl
1/4 TL	rote Paprikaflocken
	Salz und Pfeffer
5	mittelgroße Knoblauchzehen, in dünne Scheiben geschnitten
	Saft von 1 Zitrone
	Schale von 1/2 Zitrone
3 EL	Parmesan, gerieben

Schneiden Sie die Brokkoli-Röschen ab und lassen Sie dabei so wenig wie möglich vom Stiel stehen. Die Röschen beiseite stellen und die Strünke mit **KLINGE C** in Spiralstreifen schneiden.

Glasierte Balsamico-Pfirsiche mit Prosciutto und Roquefort

ERGIBT
16 Appetithäppchen

VORBEREITUNGSZEIT
20 Minuten

GARZEIT
15 Minuten

NÄHRWERTE
PRO PORTION: **1 Häppchen**
Kalorien: 86
Fett: 4 g
Kohlenhydrate: 6 g
Natrium: 113 mg
Eiweiß: 5 g
Zucker: 6 g

Meine Mutter hat mir beigebracht, niemals mit leeren Händen zu einer Einladung zu erscheinen. Wer höflich ist, bringt eine Flasche Wein oder Blumen mit. Aber warum nicht einmal richtig punkten und mit diesen Appetithäppchen vor der Tür stehen? Die mit Prosciutto umwickelten angebratenen Pfirsiche sind wirklich raffiniert und kommen im Sommer am besten an. Die Zucchini-Bänder sind rein dekorativ, bringen aber Farbe ins Spiel und sind lustig. Ganz gleich, ob Sie die Pfirsiche bei Ihrer eigenen Abendeinladung servieren oder zu einer Fete mitbringen – sie werden das Thema des Abends sein!

1 Die Glasur zubereiten. Balsamico, Honig und etwas Salz in einer kleinen Schüssel verquirlen. Die Mischung in eine kleine Kasserolle geben und bei starker Hitze zum Kochen bringen. Auf niedrige Hitze schalten und die Glasur 10 bis 15 Minuten simmern lassen, bis sie zu Sirup eingedickt ist. Ab und zu umrühren, damit die Glasur beim Köcheln nicht hart wird.

2 Die Häppchen vorbereiten. Die Zucchini-Streifen in 16 jeweils 15 cm lange Stücke schneiden. (Verwenden Sie vorzugsweise die Streifen, die noch die grüne Schale aufweisen, und heben Sie den Rest in einem luftdicht verschlossenen Gefäß für eine spätere Verwendung auf.)

3 Die Zucchini-Streifen in einer antihaftbeschichteten Pfanne auf mittlerer Stufe etwa 2 Minuten andünsten, bis sie anfangen, weich zu werden. Die Pfanne vom Herd nehmen und beiseite stellen.

Für die Glasur
175 ml	Balsamico
2 EL	Honig
	Salz

Für die Pfirsichhäppchen
2	große Zucchini, ungeschält, mit KLINGE D in Spiralstreifen geschnitten
	Kochspray
2	reife Pfirsiche
16	dünne Scheiben Prosciutto
80 g	Roquefort, zerkrümelt

(Rezept Fortsetzung)

4 Jeden Pfirsich in 8 Schnitze zerteilen, dabei den Kern entfernen. Eine Grillpfanne auf mittlerer bis hoher Stufe erhitzen und mit Kochspray fetten. Ist die Pfanne so heiß, dass darin Wassertropfen zischend verdampfen, die Pfirsichschnitze hinzufügen und auf jeder Seite 1 Minute kräftig anbraten, bis sie sich an einigen Stellen dunkel färben.

5 Eine Scheibe Prosciutto auf einem Küchenbrett der Länge nach so falten, dass ein langer Streifen entsteht. Einen Pfirsichschnitz auf die linke Seite des Schinkenstreifens legen und mit einem Teelöffel Roquefort bestreuen. Den Streifen von links nach rechts aufrollen, bis er komplett um das Pfirsichstück gewickelt ist, und mit einem Picker fixieren. Mit den restlichen Pfirsichschnitzen ebenso verfahren.

6 Eine Zucchini-Nudel auf ein Küchenbrett legen. Ein Pfirsich-Prosciutto-Röllchen in die Mitte des Streifens legen und diesen vorsichtig um das Röllchen knoten. Mit den restlichen Röllchen ebenso verfahren. Die kunstvoll verpackten Pfirsiche auf einer Servierplatte anrichten und mit dem restlichen Roquefort bestreuen. Mit der Balsamico-Glasur beträufeln und servieren.

Wenn Sie die Zucchini-Streifen um die Pfirsich-Röllchen legen und verknoten, sollten Sie nicht zu viel Druck ausüben – die Gemüsefäden reißen leicht. Am besten nur sanft ziehen und den Knoten sofort mit einem Picker fixieren.

Mango-Avocado-Gurken-Frühlingsrollen mit Sriracha-Limetten-Dip

ERGIBT
6 Rollen
(12 Appetithäppchen)

V

VORBEREITUNGSZEIT
15 Minuten

NÄHRWERTE
PRO PORTION: 1 Rolle
Kalorien: 116
Fett: 4 g
Kohlenhydrate: 21 g
Natrium: 440 mg
Eiweiß: 2 g
Zucker: 13 g

FUNKTIONIERT AUCH GUT MIT
Zucchini • Jícama •
Kohlrabi • Chayote

Gleich nach dem College bekam ich einen Job im Hotel- und Veranstaltungsmanagement. Der Golfclub, in dem ich arbeitete, war eine Dreiviertelstunde von meiner damaligen Wohnung entfernt. Wenn ich am Wochenende arbeiten musste, hielt ich auf dem Weg zum Club an meinem Lieblingslebensmittelmarkt an und kaufte ein paar Frühlingsrollen, die den hier vorgestellten sehr ähnlich waren. Ich legte sie im Club in den Kühlschrank, arbeitete den ganzen Tag lang, und aß sie auf dem Nachhauseweg im Auto – ein frischer, knackiger Leckerbissen. Die süße Mango und die zerdrückte Avocado ergänzen sich einfach himmlisch, ganz besonders in Kombination mit dem würzigen Limettendip. Die Gurken-Nudeln sorgen auf überraschende Weise für zusätzlichen Biss. Hier verrate ich Ihnen meine hausgemachte Version dieser Frühlingsrollen.

1 Den Dip zubereiten. Alle Dip-Zutaten in einer mittelgroßen Schüssel mit dem Schneebesen verquirlen. In eine kleine Servierschüssel umfüllen und bis zum Servieren in den Kühlschrank stellen.

2 Die Frühlingsrollen zubereiten. In einer mittelgroßen Schüssel das Fruchtfleisch der Avocado zerdrücken. Limettensaft, Koriander und Mango hinzufügen. Mit Salz und Pfeffer würzen und die Mixtur gut mischen.

3 Eine große Schüssel mit warmem Wasser füllen. Das erste Blatt Reispapier ein paar Sekunden lang ins Wasser tauchen, bis es anfängt weich zu werden, dann auf ein Küchenbrett legen. Ein wenig Mangold in die Mitte geben (an den Rändern bleibt ein Streifen von jeweils 5 cm frei) und mit einem Sechstel der Avocado-Mixtur sowie einer Handvoll Gurken-Nudeln bedecken. Die frei gebliebenen Randstreifen nach innen umschlagen und das Reispapier anschließend in Längsrichtung fest aufrollen. Mit den restlichen Reispapierblättern ebenso verfahren.

4 Jede Rolle in zwei Hälften schneiden und in jeden Happen einen Picker stecken. Mit dem Dip servieren.

Für den Dip
- 4 EL   Sojasauce
- 2 EL   Limettensaft
- 2 EL   Honig
- 2 EL   Sriracha oder eine andere scharfe Sauce
-          Salz und Pfeffer

Für Frühlingsrollen
- 1   Avocado
- 1 EL   Limettensaft
- 1 EL   fein gehackter frischer Koriander
- 1   kleine Mango, fein gewürfelt
-          Salz und Pfeffer
- 6   Blatt Reispapier
- 4   Mangoldblätter oder 1 Handvoll anderes grünes Blattgemüse, gehackt
- 1   mittelgroße Gurke, mit KLINGE C in Spiralstreifen geschnitten

SUPPEN, EINTOPF-GERICHTE & SALATE

Nudelsuppe mit Hühnchen und Möhren

Ingwer-Frühlingszwiebel-Suppe mit Eierflocken

Cajun-Chili mit Knollensellerie

Daikon-Rettich-Nudeln mit Steakstreifen

Avocado-Limetten-Salat im Einmachglas

Tomaten-Keftedes mit Blumenkohl-Tabouleh-Salat

Pho-Suppe mit Shrimps und Daikon-Rettich

Italienischer Zucchini-Pasta-Salat

Nudelsuppe mit Hühnchen und Möhren

ERGIBT
2 Portionen

VORBEREITUNGSZEIT
25 Minuten

GARZEIT
15 Minuten

NÄHRWERTE
PRO PORTION:
Kalorien: 212
Fett: 11 g
Kohlenhydrate: 6 g
Natrium: 1056 mg
Eiweiß: 23 g
Zucker: 2 g

FUNKTIONIERT AUCH GUT MIT
Daikon-Rettich •
Kohlrabi •
Brokkoli-Strünken •
Knollensellerie •
Süßkartoffeln •
Butternusskürbis

Anstatt diesen Klassiker mit gehackten Möhren zu verfeinern, ersetzen Sie doch einfach die Eiernudeln durch Möhren-Nudeln! Damit schenken Sie der Suppe einen dezenten Biss, was gut zu diesem einfach zuzubereitenden Gericht passt. Ab und zu braucht jeder ein wenig wohltuende Wärme, und genau das beschert uns diese Hühnersuppe, aber ganz ohne Stärke oder damit einhergehende Blähungen. Kleine Veränderungen wie diese hier führen zu überraschenden Ergebnissen.

1 Das Öl in einer großen Kasserolle auf mittlerer Stufe erwärmen. Wenn das Öl zu schimmern beginnt, Knoblauch, Sellerie und Zwiebeln hinzufügen. Mit Salz und Pfeffer würzen. Die Mischung unter Rühren 3 bis 5 Minuten dünsten, bis die Zwiebel glasig wird und der Sellerie anfängt, weich zu werden.

2 Die Brühe, Thymian, Oregano und Petersilie zugeben und bei starker Hitze zum Kochen bringen. Auf niedrige Stufe zurückschalten und die Suppe 5 Minuten köcheln lassen. Das Hähnchenfleisch und die Möhren-Nudeln hinzufügen und in die Suppe weitere 5 Minuten köcheln lassen, bis die Möhren-Nudeln weich sind.

2 EL	Olivenöl
1,5	große Knoblauchzehen, gehackt
2	Stangen Staudensellerie, der Länge nach halbiert und fein geschnitten
1/2	mittelgroße weiße Zwiebel, fein gewürfelt
	Salz und Pfeffer
1 l	salzarme Hühnerbrühe
4	Thymianzweige
1/2 TL	getrockneter Oregano
1 TL	gehackte frische Petersilie
1/2	Grillhähnchen, das Fleisch (ohne Haut) zerkleinert
1	große Möhre, geschält und mit KLINGE A in Spiralstreifen geschnitten

Möchten Sie möglichst nahe an die traditionellen breiten Eiernudeln herankommen, nehmen Sie Zucchini-Nudeln anstelle der Möhren-Nudeln und verwenden Sie zum Schneiden **KLINGE A**. Die Zucchini-Nudeln erst ganz am Ende in die Suppe geben und 2 bis 3 Minuten garen, bis sie bissfest sind. Die Suppe reicht auch für drei kleinere Portionen.

Ingwer-Frühlingszwiebel-Suppe mit Eierflocken

ERGIBT
1 Portion

VORBEREITUNGSZEIT
10 Minuten

GARZEIT
15 Minuten

NÄHRWERTE
PRO PORTION:
Kalorien: 243
Fett: 15 g
Kohlenhydrate: 15 g
Natrium: 2577 mg
Eiweiß: 10 g
Zucker: 9 g

FUNKTIONIERT AUCH GUT MIT
Daikon-Rettich •
Kohlrabi

Bei einer unserer ersten Verabredungen schleppte mich Lu in die *Momofuku Noodle Bar* in East Village, einem Stadtteil von Manhattan. Damals aß ich kein Fleisch und suchte auf der Speisekarte verzweifelt nach etwas ohne knusprigen Schweinebauch oder Würstchen. Schließlich fiel mein Blick auf Ingwer-Frühlingszwiebel-Nudeln. Vielleicht lag es auch an meiner Euphorie, mit Lu zusammen zu sein, aber ich war von dem Aroma dieses einfachen Gerichts hin und weg. Als ich später meine eigene Version zubereitete, wollte ich ein bisschen mehr Eiweiß ins Spiel bringen und machte daraus eine Mischung aus einer Suppe mit Eierflocken und Ingwer-Frühlingszwiebel-Nudeln. Dieses Rezept ist der Beweis dafür, dass man jederzeit etwas Großartiges »inspiralisieren« kann!

1 Das Öl in eine große Kasserolle geben und auf mittlerer Stufe erhitzen. Wenn das Öl zu schimmern beginnt, den Ingwer zufügen und unter ständigem Rühren 1 Minute dünsten. Auf hohe Stufe schalten und die Paprikaflocken, den Sherryessig, die Sojasauce, die Brühe sowie 125 ml Wasser zugeben.

2 Die Brühe zum Kochen bringen und die Algen hinzufügen. Unter kräftigem Rühren das Ei langsam in die Suppe rinnen lassen. Zucchini-Nudeln und Frühlingszwiebeln zugeben. Mit Pfeffer würzen und die Suppe etwa 2 Minuten kochen lassen, bis die Gemüse-Nudeln weich, aber noch knackig sind. Sofort servieren.

3/4 EL	Rapsöl
1 EL	gehackter frischer Ingwer
1/4 TL	rote Paprikaflocken
2 TL	Sherryessig
1 EL	salzarme Sojasauce
500 ml	Gemüsebrühe
3 EL	getrocknete Algenstreifen
1	großes Ei, leicht verquirlt
1/2	große Zucchini, mit KLINGE C in Spiralstreifen geschnitten
1	Frühlingszwiebel, grüne und weiße Teile fein zerkleinert
	Pfeffer aus der Mühle

Je schneller Sie das Ei in die Brühe rühren, desto kleinere Eierflocken entstehen. Bevorzugen Sie große Flocken, rühren Sie einfach langsamer.

Cajun-Chili mit Knollensellerie

ERGIBT
4 Portionen

GF

P

VORBEREITUNGSZEIT
15 Minuten

GARZEIT
25 Minuten

NÄHRWERTE
PRO PORTION:
Kalorien: 253
Fett: 10 g
Kohlenhydrate: 15 g
Natrium: 228 mg
Eiweiß: 27 g
Zucker: 7 g

FUNKTIONIERT AUCH GUT MIT
Süßkartoffeln •
Butternusskürbis •
Steckrüben

Ich könnte an jedem kalten, verregneten Herbsttag Puten-Chili mit Naturreis essen. Mit Sellerie-Reis anstelle von Naturreis ist dieses Rezept noch um einen Tick besser. Die vertraute Konsistenz bleibt erhalten, doch kommt durch den Knollensellerie ein frischer, erdiger Geschmack hinein, der dem Rinderhack die Schwere nimmt – außerdem reichert er das Essen zusätzlich mit Nährstoffen an. Reservieren Sie dieses Rezept für kühle Tage, an denen es Sie nach etwas Warmem und Sättigendem verlangt.

1 Das Öl in einer großen Kasserolle auf mittlerer Stufe erhitzen. Wenn das Öl zu schimmern beginnt, Zwiebeln, Knoblauch und rote Paprikaflocken hinzufügen und 30 Sekunden lang anschwitzen, bis sich der Duft entfaltet. Das Rinderhack zugeben, mit einem Kochlöffel zerbröckeln und 3 bis 5 Minuten anbraten, bis es gebräunt ist.

2 Sellerie-Reis, Tomaten, Brühe, Kreuzkümmel, Cayennepfeffer, Chilipulver, Zwiebelpulver, Oregano, Paprikapulver, Lorbeerblatt, Salz und Pfeffer zum Hackfleisch geben und das Ganze gut mischen. Das Chili zugedeckt 10 Minuten garen. Den Deckel abnehmen und weitere 5 bis 10 Minuten garen, bis das Chili angedickt und der Knollensellerie weich ist. Das Lorbeerblatt entfernen.

3 Das Chili mit Petersilie bestreuen und heiß servieren.

1 EL	Olivenöl
1	mittelgroße weiße Zwiebel, fein gewürfelt
1 EL	gehackter Knoblauch
1/4 TL	rote Paprikaflocken
450 g	mageres Rinderhack
1	großer Knollensellerie, geschält und mit KLINGE C in Spiralstreifen geschnitten, dann zu Reis verarbeitet (siehe Seite 25)
2 Dosen	(à 400 g) gewürfelte Tomaten
125 ml	salzarme Rinderbrühe
2 TL	gemahlener Kreuzkümmel
1/2 TL	Cayennepfeffer
1/2 TL	Chilipulver
1/2 TL	Zwiebelpulver
1 TL	getrockneter Oregano
1/4 TL	geräuchertes Paprikapulver
1	Lorbeerblatt
	Salz und Pfeffer
1 EL	gehackte frische Petersilie

Daikon-Rettich-Nudeln mit Steakstreifen

ERGIBT
2 Portionen

VORBEREITUNGSZEIT
10 Minuten

GARZEIT
20 Minuten

NÄHRWERTE
PRO PORTION:
Kalorien: 391
Fett: 26 g
Kohlenhydrate: 11 g
Natrium: 1265 mg
Eiweiß: 28 g
Zucker: 6 g

FUNKTIONIERT AUCH GUT MIT
Zucchini • Weißen Rüben • Kohlrabi • Chayote • Möhren

Dieses Gericht aus Gemüse-Nudeln erinnert in puncto Konsistenz und Geschmacksnoten an Ramen (japanische Nudelsorte) – aber eben ohne Ramen. Verstehen Sie mich nicht falsch, ich habe dieses Fertigprodukt während meiner Studienzeit oft gegessen, es ist salzig und hat vom Geschmack her Suchtpotenzial, doch sein Nährstoffgehalt entspricht dem eines Pappkartons. Wann immer man etwas isst, sollte man sich fragen: »Trägt dieses Gericht dazu bei, dass es mir gut geht? Liefert es meinem Körper das, was er braucht, um mich durch den Tag zu bringen?« Lautet die Antwort »Nein«, sollten Sie es weglassen. Mithilfe des Daikon-Rettichs ersetzen Sie in diesem Rezept die »leeren« Ramen durch ein Wurzelgemüse, das reich an Vitamin C ist, jedoch wenig Kalorien und Kohlenhydrate enthält. Hätte ich das doch nur schon im College gewusst!

1 Das Steak mit der Hoisinsauce bestreichen und großzügig mit Salz und Pfeffer würzen. In einer großen Pfanne das Olivenöl auf mittlerer Stufe erhitzen. Wenn das Öl zu schimmern beginnt, das Steak in die Pfanne geben und auf jeder Seite 2 bis 3 Minuten braten, bis es Ihrem Geschmack entsprechend durchgebraten ist (dran denken, es gart noch nach). Das Fleisch herausnehmen und auf einem Teller beiseite stellen.

2 Das Raps- oder Sonnenblumenöl in einem großen Topf auf mittlerer Stufe erhitzen. Wenn das Öl zu schimmern beginnt, Knoblauch, Ingwer und Frühlingszwiebeln hinzufügen und 30 Sekunden andünsten, bis sich der Duft entfaltet. Den Bok Choy und die Pilze zugeben und 3 bis 4 Minuten garen, bis die Pilze weich sind.

120 g	Rinderlende
1 EL	Hoisinsauce
	Salz und Pfeffer
1 EL	Olivenöl
1 EL	Raps- oder Sonnenblumenöl
1 TL	gehackter Knoblauch
1/2 TL	gehackter frischer Ingwer
1	kleine Frühlingszwiebel, grüne und weiße Teile fein zerkleinert
1	Bund Bok Choy, dicke weiße Stiele entfernt, Blätter halbiert
120 g	frische Shiitake(-Pilze)
500 ml	Gemüsebrühe
2 TL	salzarme Sojasauce
1	mittelgroßer Daikon-Rettich, geschält und mit KLINGE C in Spiralstreifen geschnitten
2	hart gekochte Eier, halbiert

3 Die Brühe, 250 ml Wasser und die Sojasauce zugießen und bei hoher Hitze zum Kochen bringen. Die Hitze verringern. Die Rettich-Nudeln zugeben und 2 Minuten garen, bis sie bissfest sind.

4 Das Fleisch quer zur Faser in dünne Streifen schneiden. Die Gemüse-Nudel-Mischung auf zwei Teller verteilen und mit den Steakstreifen und den Eierhälften garniert servieren.

Avocado-Limetten-Salat im Einmachglas

ERGIBT
4 Portionen

GF

VORBEREITUNGSZEIT
15 Minuten

GARZEIT
15 Minuten

NÄHRWERTE
PRO PORTION:
Kalorien: 331
Fett: 24 g
Kohlenhydrate: 18 g
Natrium: 90 mg
Eiweiß: 16 g
Zucker: 6 g

FUNKTIONIERT AUCH GUT MIT
Jícama • Chayote •
Kohlrabi • Möhren •
Beten

Wenn Sie keine Milchprodukte essen, dicken Sie das Dressing für Pasta-Salate einfach mit Avocado an – ein cleverer Kniff. Avocados haben nicht nur viel Geschmack, sondern stellen gleichzeitig eine wichtige Quelle für gesunde, einfach ungesättigte Fettsäuren dar: Ganz besonders wichtig ist dies bei einer Diät, die arm an Kohlenhydraten ist. Dieser Salat liefert jede Menge Eiweiß und erinnert im Geschmack ein wenig an die traditionelle mexikanische Küche. Die Oliven, der Koriander und der Limettensaft verleihen den Zucchini-Nudeln einen spritzigen und frischen Kick. Damit passt der Salat super zu einem sommerlichen Barbecue oder auch einem gesunden Abendessen mitten in der Woche. Sie brauchen dafür vier 500-ml-Einmachgläser. Füllen Sie den Salat einfach in tiefe Teller um, wenn Sie ihn essen möchten!

1 Den Salat vorbereiten. Das Öl in einer großen antihaftbeschichteten Pfanne auf mittlerer Stufe erhitzen. Wenn das Öl zu schimmern beginnt, das Hühnerfleisch hinzufügen und mit Salz und Pfeffer würzen. Das Fleisch 6 bis 8 Minuten braten lassen, bis es außen leicht gebräunt und im Inneren nicht mehr rosa ist.

2 Die Maiskolben in eine mittelgroße Kasserolle legen und mit Wasser bedecken. Eine Prise Salz hinzufügen. Das Wasser bei starker Hitze zum Kochen bringen und den Mais 2 bis 3 Minuten garen, bis sich die Körner leicht mit einer Gabel einstechen lassen. Abgießen, abkühlen lassen und die Maiskörner mit einem Messer von den Kolben lösen.

3 Das Dressing zubereiten. Alle Zutaten in den Mixer geben und zu einer cremigen Paste verarbeiten – dabei esslöffelweise zimmerwarmes Wasser zufügen, bis die gewünschte Konsistenz erreicht ist. Nach jeder Wasserzugabe kurz kräftig durchmixen.

Für den Salat

1 EL	Olivenöl
230 g	Hühnerfleisch, in etwa 1 cm große Würfel geschnitten
	Salz und Pfeffer
2	frische Maiskolben, ohne Hüllblätter und Bart
1/2	große rote Paprikaschote, entkernt und gewürfelt
1	kleine Dose (85 g) schwarze Oliven, halbiert
3	mittelgroße Zucchini, mit KLINGE C in Spiralstreifen geschnitten

Für das Dressing

2 bis 3 EL	gehackter frischer Koriander
1	mittelgroße Knoblauchzehe, gehackt
	Salz und Pfeffer
3 EL	Olivenöl
2 EL	Limettensaft
1	Avocado, gewürfelt

4 Das Salatdressing gleichmäßig auf vier Einmachgläser à 500 ml verteilen und in jedes Glas ein Viertel des Hühnerfleischs geben. Dann jeweils ein Viertel der Paprikaschoten, Oliven und Maiskörner in Schichten einfüllen. Jeweils als letzte Schicht die Zucchini-Nudeln hinzufügen. Die Gläser verschließen und bis zu einem Tag lang im Kühlschrank aufbewahren oder bei Zimmertemperatur innerhalb von 3 Stunden servieren.

Wenn Sie diesen Salat länger als einen Tag im Voraus zubereiten, sollten Sie das Dressing erst kurz vor dem Servieren anrühren, weil das Fruchtfleisch von Avocados schnell braun wird.

Tomaten-Keftedes mit Blumenkohl-Tabouleh-Salat

ERGIBT
2 Portionen

GF **VT**

VORBEREITUNGSZEIT
35 Minuten

GARZEIT
20 Minuten

NÄHRWERTE
PRO PORTION:
Kalorien: 170
Fett: 6 g
Kohlenhydrate: 24 g
Natrium: 313 mg
Eiweiß: 9 g
Zucker: 7 g

FUNKTIONIERT AUCH GUT MIT
Zucchini • Kohlrabi •
Chayote • Jicama

Die erste längere Reise, die Lu und ich als Paar unternahmen, ging nach Santorin und Mykonos in Griechenland. Als wir nach einer fast 20-stündigen Fahrt spätabends in unserem Hotel auf Santorin ankamen, waren wir völlig ausgehungert. Wir stellten das Gepäck ab und gingen zu einer nur ein paar Minuten entfernten Taverne, wo wir nach irgendetwas für Santorin Typischem fragten. Die Bedienung brachte uns Tomaten-Keftedes – gebratene Tomatenbällchen. Ich weiß nicht, ob es die Erschöpfung oder die Aufregung war, aber ich werde den ersten Bissen nie vergessen. Wir vertilgten die Bällchen natürlich im Handumdrehen und bestellten mehr davon. Während unseres restlichen Aufenthaltes auf Santorin aßen wir niemals in einem Restaurant, ohne Tomaten-Keftedes zu bestellen. Diese gesunden Tomatenbällchen sind mein Versuch, Ihnen ein wenig Santorin-Feeling zu schenken.

Für die Tomaten-Keftedes

	Kochspray
300 g	Kirschtomaten, geviertelt
1	Frühlingszwiebel, grüne und weiße Teile fein zerkleinert
1 EL	warmes Wasser
1 EL	gehackte frische Minze
1/4 TL	getrockneter Oregano
4 EL	Weizenvollkornmehl oder Kichererbsenmehl
25 g	Pecorino-Romano-Käse, gerieben
	Salz und Pfeffer

Für das Tzatziki

60 ml	Naturjoghurt mit 0,1 % Fett
1	mittelgroße Knoblauchzehe, fein gehackt
1/4 EL	Olivenöl

1/4 EL	Rotweinessig
1/2 EL	gehackter frischer Dill
3/4 EL	Zitronensaft
	Salz und Pfeffer

Für die Tabouleh

1	mittelgroße rote Zwiebel, fein gewürfelt
3 EL	gehackte frische glatte Petersilie
1 EL	gehackte frische Minze
	Salz und Pfeffer
3 EL	Zitronensaft
	Schale von 1/2 Zitrone
1	große Handvoll Blumenkohl-Röschen, zu Gemüse-Reis verarbeitet (siehe Seite 25)
1	große Gurke, entkernt, mit KLINGE C in Spiralstreifen geschnitten

(Rezept Fortsetzung)

1 Den Ofen auf 200 °C vorheizen. Ein Backblech mit Backpapier belegen und das Papier
mit Kochspray fetten.

2 Die Tomaten-Keftedes zubereiten. Alle Kef-
tedes-Zutaten in eine große Schüssel geben.
Die Tomaten mit den Händen zerdrücken und
das Ganze so lange durchkneten, bis eine dicke
und klebrige Mischung entstanden ist. (Bei
Bedarf mehr Mehl und/oder Wasser zufügen.)
Aus dem Mix etwa sechs golfballgroße Kugeln
formen, auf das Backblech legen und ein wenig
flach drücken. Die Keftedes 10 Minuten im
Ofen backen, dann wenden und weitere 13 bis
15 Minuten braten, bis sie außen gebräunt und
innen fest sind.

3 Das Tzatziki zubereiten. Alle Zutaten in einer
mittelgroßen Schüssel gründlich verrühren.

4 Die Tabouleh zubereiten. Zwiebeln, Petersilie,
Minze, Salz, Pfeffer, Zitronensaft und Zitronenschale in eine große Schüssel geben und sehr
gründlich verrühren, bis sich die Zutaten und
ihre Aromen gut miteinander verbunden haben
(oder in der Küchenmaschine mit dem Rühr-
besen mischen). Den Blumenkohl-Reis untermischen.

5 Das Gericht fertigstellen. Die Gurken-Nudeln
trocken tupfen, um die Feuchtigkeit zu entfernen, und in eine große Schüssel geben.
Die Tabouleh hinzufügen und das Ganze gut
mischen. Den Salat auf tiefen Tellern anrichten
und die heißen Tomaten-Keftedes obenauf
legen. Mit Tzatziki garniert servieren.

Pho-Suppe mit Shrimps und Daikon-Rettich

ERGIBT
2 Portionen

GF

VORBEREITUNGSZEIT
20 Minuten

GARZEIT
15 Minuten

NÄHRWERTE
PRO PORTION:
Kalorien: 87
Fett: 1 g
Kohlenhydrate: 11 g
Natrium: 2165 mg
Eiweiß: 9 g
Zucker: 4 g

FUNKTIONIERT AUCH GUT MIT
Zucchini • Kohlrabi •
Jícama • Chayote

Als ich an einem Wochenende durch Hoboken schlenderte, sah ich ein neues Restaurant mit dem Namen *Pho-nomenal.* Unter Pho – »fuh« ausgesprochen – versteht man einen schmackhaften vietnamesischen Imbiss, der mit unterschiedlichen Nudeln zubereitet wird und mehr oder weniger süß sein kann. Ich habe das traditionelle Gericht abgewandelt und vereinfacht, indem ich die Reisnudeln durch Daikon-Rettich-Nudeln ausgetauscht und dadurch eine würzigere, leichtere Variante kreiert habe.

1 In einen großen Suppentopf 500 ml Wasser, Brühe, Fischsauce, Limettensaft, Koriander und Ingwer geben und bei mittlerer Hitze erwärmen. Mit Salz und Pfeffer würzen und die Suppe auf hoher Stufe zum Kochen bringen. Die Hitze stark verringern und die Shrimps hinzufügen. Die Suppe 5 Minuten köcheln lassen, bis die Shrimps nicht mehr durchsichtig sind.

2 Die Rettich-Nudeln und den Koriander zugeben. Die Suppe einmal gut durchrühren und weitere 2 bis 3 Minuten köcheln lassen, bis die Gemüse-Nudeln weich sind.

3 Die Pho-Suppe in tiefe Teller oder Suppenschalen füllen und mit Frühlingszwiebeln, Chilischoten und Zwiebeln garnieren. Nach Belieben ein, zwei Spitzer scharfe Sauce hinzufügen. Sehr heiß servieren.

Dieses Pho-Grundrezept können Sie ganz nach persönlichem Geschmack abwandeln und mit Rindfleisch, Hühnchen oder Tofu zubereiten – alles gängige Pho-Eiweißquellen.

750 ml	Gemüsebrühe
2 TL	vietnamesische oder Thai-Fischsauce
3 EL	frischer Limettensaft
1 TL	gemahlener Koriander
1 TL	gehackter frischer Ingwer
	Salz und Pfeffer
12	kleine Shrimps, ohne Schale und Darm, bei TK-Ware aufgetaut
1	großer Daikon-Rettich, geschält und mit KLINGE C in Spiralstreifen geschnitten
1	kleine Handvoll abgezupfter Korianderblättchen
2–3	Frühlingszwiebeln, grüne und weiße Teile sehr fein geschnitten
2	kleine Chilischoten (am besten Jalapeños), entkernt und in feine Ringe geschnitten
8–10	fein geschnittene Ringe einer weißen Zwiebel
	Sriracha-Sauce oder eine andere scharfe Sauce, nach Belieben

Italienischer Zucchini-Pasta-Salat

ERGIBT
3 Portionen

VORBEREITUNGSZEIT
15 Minuten

NÄHRWERTE
PRO PORTION:
Kalorien: 214
Fett: 16 g
Kohlenhydrate: 10 g
Natrium: 416 mg
Eiweiß: 8 g
Zucker: 3 g

Als Lus Mutter nach New Jersey kam, um meine Familie kennen-zulernen, veranstaltete ich eine Dinnerparty. Ich hatte keine Angst vor dem Treffen, aber ich war unsicher, was ich kochen sollte. Ich wollte etwas auftischen, das mit mir, meinen italienisch-amerikani-schen Wurzeln und meinen gesunden Kochkünsten zu tun hatte. Ich entschied mich für diesen klassischen Pasta-Salat – aber ohne Pasta. Der Freund meiner Schwester, der weder Zucchini noch sonst etwas mag, das als »gesund« gilt, hat nach dem Essen prak-tisch seinen Teller abgeschleckt.

1 Das Dressing zubereiten. Alle Dressing-Zutaten in eine mittelgroße Schüssel geben und gründlich verrühren.

2 Den Salat zubereiten. Alle Salat-Zutaten in eine große Schüssel geben und gründlich mischen.

3 Das Dressing über den Salat gießen und das Ganze nochmals gründlich vermengen. Den Salat mindes-tens 15 Minuten im Kühlschrank durchziehen lassen, bis die Zucchini weich werden. Gekühlt servieren.

Je länger dieser Pasta-Salat im Kühlschrank durchzieht, desto intensiver entfaltet sich der Geschmack und desto weicher werden die Zucchini. Am besten über Nacht im Kühlschrank lassen und vor dem Servieren durchrühren. Der Salat reicht auch für vier kleinere Portionen.

Für den Salat

2	mittelgroße Zucchini, halbiert und mit **KLINGE B** in Spiralstreifen geschnitten
5	Artischockenherzen aus dem Glas, abgegossen, trocken getupft und geviertelt
6	Kirschtomaten, halbiert
50 g	Provolone(-Käse), gewürfelt
80 g	Salami am Stück, klein gewürfelt
1/2	kleine rote Zwiebel, in feine Ringe geschnitten
8	schwarze Oliven ohne Kern, geviertelt

Für das Dressing

3 EL	Rotweinessig
2 EL	Olivenöl
4 EL	Zitronensaft
1/2 TL	getrockneter Oregano
1/2 TL	getrocknete Petersilie
1/2 TL	getrocknetes Basilikum
1/4 TL	rote Paprikaflocken
	Salz und Pfeffer

SANDWICHES, WRAPS & MEHR

Überbackene Thunfisch-Portobello-Pilze mit Pastinaken-Nudeln

ERGIBT
2 Portionen

GF

VORBEREITUNGSZEIT
15 Minuten

GARZEIT
25 Minuten

NÄHRWERTE
PRO PORTION:
Kalorien: 269
Fett: 13 g
Kohlenhydrate: 24 g
Natrium: 543 mg
Eiweiß: 18 g
Zucker: 4 g

FUNKTIONIERT AUCH GUT MIT
Süßkartoffeln •
Steckrüben •
Kartoffeln

Meine Großmutter Ida liebt Thunfischsalat mit Kräckern. Ich habe keine Ahnung mehr, wie oft meine Mutter Thunfisch mit Mayonnaise und salzigen Kräckern auf den Tisch stellte, wenn Omi zu Besuch kam. Ich habe das Rezept schließlich zu einer überbackenen Variante weiterentwickelt – auch ohne den Segen von Großmutter Ida. Für die Mayonnaise nehme ich Naturjoghurt mit 0,1 % Fett, der mehr Pep hat und ohne verarbeitetes Fett auskommt. Diese überbackenen Thunfisch-Pilze erfordern ein bisschen mehr Zeit, schmecken dafür aber umso besser. Die warmen Portobello-Kappen und die nussigen Pastinaken-Nudeln sind allein schon Grund genug, dieses Gericht zu lieben – ganz zu schweigen von dem geschmolzenen Provolone, der gesünderen Thunfisch-Creme und den saftigen Tomaten. Am besten isst man das Gericht mit Messer und Gabel, denn lecker kann manchmal auch heißen, dass man sich leicht bekleckert!

Für die Pilze

2 große Portobello-Pilze, Lamellen und harte Stiel-Enden entfernt

Olivenöl

Salz und Pfeffer

1 mittelgroße Knoblauchzehe, gehackt

1 Prise rote Paprikaflocken

1 große Pastinake, geschält und mit KLINGE C in Spiralstreifen geschnitten

Für die Thunfischcreme

3 EL Naturjoghurt mit 0,1 % Fett

1 TL Dijon-Senf

1/4 TL Knoblauchpulver

Salz und Pfeffer

3 TL frischer Zitronensaft

1 Dose (à 140 g) fester Weißer Thunfisch in Wasser, abgegossen

Zum Überbacken

4 dünne Tomatenscheiben

2 Scheiben Provolone(-Käse)

3 TL Schnittlauchröllchen

1 Den Ofen auf 200 °C vorheizen und ein Backblech mit Alufolie belegen. Den Ofen während der Zubereitungszeit nicht ausschalten.

2 Die Pilze vorbereiten. Die Pilzhüte mit der Unterseite nach oben auf das Backblech legen und rundum mit Olivenöl bestreichen. Mit Salz und Pfeffer würzen. Die Pilze 10 Minuten backen, bis sie anfangen, weich zu werden.

3 Einen Esslöffel in einer großen Pfanne auf mittlerer Stufe erhitzen. Wenn das Öl zu schimmern beginnt, den Knoblauch und die Paprikaflocken hinzufügen und 30 Sekunden andünsten, bis sich der Duft entfaltet. Die Pastinaken-Nudeln zugeben und mit Salz und Pfeffer würzen. Die Nudeln zugedeckt 5 Minuten köcheln lassen, bis sie bissfest sind, dabei ab und zu den Deckel öffnen und umrühren. Die Pfanne vom Herd nehmen.

4 Die Thunfischcreme zubereiten. Joghurt, Senf, Knoblauchpulver, Salz, Pfeffer und Zitronensaft in einer mittelgroßen Schüssel verrühren. Den Thunfisch unterheben und abschmecken.

5 Die Pilze füllen und überbacken. Die gebackenen Pilze möglichst gut trocken tupfen. Die Pastinaken-Nudeln gleichmäßig auf die Höhlung der beiden Pilzhüte verteilen und jeweils die Hälfte der Thunfischcreme daraufsetzen. Die Creme jeweils mit zwei Tomatenscheiben bedecken und darauf je eine Scheibe Provolone legen. Die Pilze wieder in den Ofen schieben und 5 Minuten überbacken, bis der Käse geschmolzen ist. Die Pilze mit Schnittlauch garnieren und sofort servieren.

Wenn Sie die Thunfisch-Portobello-Pilze auf dem Grill zubereiten wollen, nur zu! Braten Sie dafür die Pilzhüte zunächst auf dem Grill scharf an.

Bánh Mì mit Hühnchen und griechischem Sriracha-Joghurt

 ERGIBT
4 Sandwiches

VORBEREITUNGSZEIT
20 Minuten

GARZEIT
15 Minuten

NÄHRWERTE
PRO PORTION: **1 Sandwich**
Kalorien: 260
Fett: 6 g
Kohlenhydrate: 27 g
Natrium: 595 mg
Eiweiß: 24 g
Zucker: 23 g

FUNKTIONIERT AUCH GUT MIT
Zucchini • Zwiebeln

Einer meiner einfachsten Tricks besteht darin, ein Sandwich wie ein belegtes Brot zu servieren – dafür sprechen nicht nur gesundheitliche Gründe, sondern auch der bessere Geschmack! Wenn Sie schon einmal ein Bánh-Mì-Sandwich gegessen haben, dann wissen Sie, dass die köstliche Füllung aus eingelegtem Gemüse in diesem klassischen vietnamesischen Imbiss durch das Brot überdeckt werden kann. In dieser Variante habe ich das Brot durch eine Gemüsepaprika ersetzt, die nicht nur für einen knackig-frischen Biss sorgt, sondern auch arm an Kalorien und Kohlenhydraten ist. Und sie liefert die perfekte Verpackung für das, um was es eigentlich geht: das eingelegte, in Spiralstreifen geschnittene Gemüse, das auf Asia-Art marinierte Hühnchen und den eiweißreichen Sriracha-Aufstrich aus Naturjoghurt mit 0,1 % Fett.

Für das eingelegte Gemüse

4 EL   Reisessig

2 EL   Honig

1/2 TL   Salz

1   kleiner Daikon-Rettich, geschält und mit KLINGE D in Spiralstreifen geschnitten

1   mittelgroße Möhre, geschält und mit KLINGE D in Spiralstreifen geschnitten

1   mittelgroße Gurke, mit KLINGE D in Spiralstreifen geschnitten

Für das Hühnchen

1 EL   extra natives Olivenöl

1 EL   salzarme Sojasauce

1 EL   Hoisinsauce

1 EL   Limettensaft

1 TL   Honig

340 bis 450 g   Hühnerbrustfilets, in mundgerechte Stücke geschnitten

Für den Sriracha-Joghurt

75 ml   Naturjoghurt mit 0,1 % Fett

1 EL   Sriracha oder eine andere scharfe Sauce

Für die Sandwiches

2   große rote Paprikaschoten

1   kleine Handvoll frische Korianderblättchen

(Rezept Fortsetzung)

1 Das Gemüse einlegen. Reisessig, Honig und Salz in einer mittelgroßen Schüssel verrühren. Daikon-Rettich-, Möhren- und Gurken-Nudeln hinzufügen und gut mit der Marinade mischen. Dann so lange im Kühlschrank durchziehen lassen, bis das Bánh Mì angerichtet wird, dabei alle 5 Minuten umrühren.

2 Das Hühnchen vorbereiten. Olivenöl, Sojasauce, Hoisinsauce, Limettensaft und Honig in einer flachen Auflaufform verrühren. Die Hühnerfleischstreifen zugeben und mehrfach in der Marinade wenden. Eine große Grillpfanne auf mittlerer Stufe erhitzen. Ist die Pfanne so heiß, dass darin Wassertropfen zischend verdampfen, das Hühnerfleisch hineingeben und unter mehrmaligem Wenden 10 Minuten braten, bis es innen nicht mehr rosa ist. Je nach Größe der Stücke kann die Garzeit auch kürzer sein.

3 Den Joghurt zubereiten. Joghurt und Sriracha in einer kleinen Schüssel verrühren.

4 Die Sandwiches zubereiten. Die Kappen der Paprikaschoten abschneiden. Die Schoten von oben nach unten halbieren und die Kerne sowie die weißen Häute entfernen. Die Innenseite der Schotenhälften mit dem Sriracha-Joghurt bestreichen. Das Hühnerfleisch gleichmäßig auf die Schoten verteilen und mit dem eingelegten Gemüse krönen. Wenn Sie möchten, können Sie das Gemüse mit ein wenig zusätzlichem Joghurt beträufeln. Zum Servieren das Bánh Mì mit Korianderblättchen garnieren.

Kohl-Hummus-Wraps mit Gelber Bete und Sprossen

ERGIBT
2 Wraps

GF

V

P

VORBEREITUNGSZEIT
15 Minuten

GARZEIT
10 Minuten

NÄHRWERTE
PRO PORTION: **1 Wrap**
Kalorien: 225
Fett: 11 g
Kohlenhydrate: 28 g
Natrium: 173 mg
Eiweiß: 7 g
Zucker: 4 g

FUNKTIONIERT AUCH GUT MIT
Zucchini • Gurken •
Möhren

Kohlblätter liefern eine natürliche Verpackung für Sandwiches. Die riesigen Blätter verschiedener Mitglieder der Kohlfamilie eignen sich ideal dazu, die Füllung zusammenzuhalten. In dieser Variante verschmilzt die warme, gebackene Gelbe Bete mit der cremigen Avocado und dem Hummus, während die Alfalfa-Sprossen für einen wunderbaren Biss sorgen. Dieser Kohl-Wrap lässt sich im Handumdrehen zubereiten und punktet mit jeder Menge Nährstoffe – perfekt geeignet, um nach einem langen Tag wieder Energie aufzutanken!

1 Den Ofen auf 200 °C vorheizen.

2 Ein Backblech mit Backpapier belegen. Die Gelbe-Bete-Nudeln in einer gleichmäßigen Schicht auf dem Blech verteilen und leicht mit Olivenöl-Kochspray benetzen. Mit Salz und Pfeffer würzen. Das Gemüse 10 Minuten im Ofen backen, bis es weich ist; dabei nach der Hälfte der Backzeit einmal wenden.

3 Die Kohlblätter auf eine saubere, trockene Arbeitsfläche legen. Das Hummus gleichmäßig auf die beiden Blätter verteilen, dabei einen Randstreifen von 2,5 bis 3,5 cm stehen lassen.

4 Auf beiden Blättern den Hummus mit jeweils der Hälfte der Bete-Nudeln bedecken. Pro Blatt zwei Avocado-Scheiben hinzufügen und die Alfalfa-Sprossen gleichmäßig verteilt auf die Füllung streuen. Die Seiten der Kohlblätter einschlagen und die Blätter wie einen Burrito aufrollen. Jede Rolle in zwei Hälften schneiden und vor dem Servieren mit einem Picker fixieren.

1	große Gelbe Bete, geschält und mit KLINGE C in Spiralstreifen geschnitten
	Olivenöl-Kochspray
	Salz und Pfeffer
2	große Kohlblätter, die dicken Mittelrippen so weit wie möglich entfernen
8 EL	Hummus
1/2	Avocado, geviertelt
1	Handvoll Alfalfa-Sprossen

Jalapeño-Truthahn-Burger mit Koriander-Limetten-Kohlrabi-Salat

ERGIBT
2 Burger

VORBEREITUNGSZEIT
20 Minuten

GARZEIT
15 Minuten

NÄHRWERTE
PRO PORTION: 1 Burger + Salat
Kalorien: 347
Fett: 16 g
Kohlenhydrate: 18 g
Natrium: 56 mg
Eiweiß: 27 g
Zucker: 8 g

FUNKTIONIERT AUCH GUT MIT
Jícama

Wenn Sie sich im Restaurant einen Burger bestellen, bitten Sie darum, das Brötchen gegen einen Beilagensalat auszutauschen – ein guter Kniff, um sich nach einem Burger nicht übersättigt zu fühlen. Das einzige Problem besteht darin, dass der normale Beilagensalat dem Burger nicht gerecht wird. In diesem Rezept machen Koriander, Limette, Jalapeño und Avocado die Burger-Salat-Kombi zu einem echten Gewinner. Die dezente Schärfe der Jalapeños in dem mageren Puten-Burger harmoniert gut mit der spritzigen Limettenschale in dem knackigen Kohlrabi-Salat. Haben Sie danach jemals wieder Lust auf Burgerbrötchen? Wahrscheinlich nicht.

Für den Salat

- 2 Stangen Staudensellerie, fein gewürfelt
- 2 mittelgroßer Kohlrabi, geschält und mit KLINGE C in Spiralstreifen geschnitten
- 4 EL Limettensaft
- abgeriebene Schale von 1 Limette
- 1 kleine Handvoll Korianderblättchen, zerkleinert
- 1 EL extra natives Olivenöl
- 3 TL Rotweinessig
- 3 TL Honig
- Salz und Pfeffer
- 2 EL frisch gepresster Orangensaft

Für die Burger

- 2 kleine Knoblauchzehen, gehackt
- Salz und Pfeffer
- 450 g mageres Putenhack
- 2 TL gehackte Jalapeños
- 1 TL gemahlener Koriander
- 2 EL gehackte frische Petersilie
- 1 feste reife Avocado, gewürfelt
- 1 EL extra natives Olivenöl
- 2 Fleischtomaten-Scheiben, jeweils etwa 0,5 cm dick
- 1 EL frisch gepresster Limettensaft

1 Den Salat zubereiten. Alle Salat-Zutaten in eine mittelgroße Schüssel geben und gründlich mischen. Im Kühlschrank durchziehen lassen, während die Burger zubereitet werden.

2 Die Burger zubereiten. Knoblauch, Salz, Pfeffer, Putenhack, Jalapeños, Koriander, Petersilie und Avocadowürfel in eine mittelgroße Schüssel geben und zu einem Teig verkneten. Mit den Händen zu zwei gleich großen Burgern formen. Das Olivenöl auf mittlerer Stufe in einer großen Pfanne erwärmen. Wenn das Öl zu schimmern anfängt, die Burger hinzufügen und 3 Minuten anbraten, bis die Unterseite gebräunt ist. Wenden und weitere 3 bis 5 Minuten braten, bis das Fleisch durch ist. Die Burger auf eine Servierplatte legen. Die Pfanne auf dem Herd belassen.

3 Die Tomatenscheiben in dieselbe Pfanne legen. Mit Salz, Pfeffer und Limettensaft würzen. Die Tomaten 1 Minute dünsten, dann wenden und weitere 30 Sekunden garen, bis sie komplett erhitzt sind.

4 Jeden Burger mit einer Tomatenscheibe krönen und mit dem Kohlrabi-Salat servieren.

Die Avocado sollte nicht überreif sein – für den Burger-Teig am besten geeignet sind Früchte, die noch ein wenig fest sind. Ist die Avocado zu weich, wird der ganze Burger breiig.

OFENGERICHTE

Veganer Chipotle-Möhren-Auflauf mit Käsegeschmack

ERGIBT
4 Portionen

GF

VORBEREITUNGSZEIT
30 Minuten

V

GARZEIT
25 Minuten

NÄHRWERTE
PRO PORTION:
Kalorien: 267
Fett: 18 g
Kohlenhydrate: 19 g
Natrium: 531 mg
Eiweiß: 9 g
Zucker: 6 g

FUNKTIONIERT AUCH GUT MIT
Süßkartoffeln • Beten
• Butternusskürbis •
Zucchini • Steckrüben

Dieses Gericht stellt das ultimative Rezept für einen überbackenen Käseauflauf dar: Er kommt ohne Pasta und tatsächlich auch ohne Käse aus und damit ganz ohne schlechtes Gewissen! Sie fragen sich, wie das funktionieren soll? Ganz einfach, die Cashewkerne sorgen für einen angenehmen Biss und die Nährhefe schmeckt nach Käse. Der in den Möhren enthaltene natürliche Zucker wird freigesetzt, während der Auflauf im Ofen gart, und sorgt für einen exquisiten, süßlichen Geschmack, der durch die Schärfe des Chipotles einen zusätzlichen Kick bekommt. Fragen Sie nicht weiter – bereiten Sie einfach diesen Auflauf zu und genießen Sie ihn.

1 Den Ofen auf 175 °C vorheizen. Eine 24 x 32 cm große Auflaufform mit Kochspray fetten.

2 Das Öl auf niedriger bis mittlerer Stufe in einer antihaftbeschichteten Pfanne erhitzen. Wenn das Öl zu schimmern beginnt, Zwiebeln und Knoblauch hinzufügen und 2 bis 3 Minuten andünsten, bis die Zwiebeln glasig sind. Mit Salz und Pfeffer würzen. Die Zwiebelmischung samt Öl, Cashewkernen, Brühe, Chilis und Hefeflocken in den Mixer geben und etwa 1 Minute mixen, bis eine cremige Sauce entstanden ist. Mit Salz und Pfeffer abschmecken.

3 Die Möhren-Nudeln in die Auflaufform geben und die Sauce gleichmäßig darauf verteilen. Den Auflauf mit Alufolie bedecken und 20 Minuten im Ofen backen, bis die Möhren-Nudeln weich sind. Die Folie entfernen und den Auflauf weitere 5 Minuten backen, bis die Oberfläche leicht goldbraun ist.

Kochspray

1 EL Olivenöl

1 mittelgroße weiße Zwiebel, klein gewürfelt

3 mittelgroße Knoblauchzehen, gehackt

Salz und Pfeffer

75 g Cashewkerne (ungesalzen und ungeröstet)

380 ml Gemüsebrühe

2 Chipotle-Chilis in Adobo-Sauce, fein gehackt

2 EL Nährhefeflocken

2 große Möhren, halbiert und mit KLINGE B in Spiralstreifen geschnitten

Der Auflauf reicht auch für sechs kleinere Portionen. Sie haben keine Zeit, um einen Auflauf zuzubereiten? Garen Sie die Möhren-Nudeln einfach 2 bis 3 Minuten in einem Topf mit sprudelndem Wasser. Die Sauce erhitzen – und fertig ist ein schnelles Mahl.

Vegetarische Möhren-Enchiladas aus dem Ofen

ERGIBT
4 Portionen

GF

VT

VORBEREITUNGSZEIT
25 Minuten

GARZEIT
35 Minuten

NÄHRWERTE
PRO PORTION:
Kalorien: 360
Fett: 15 g
Kohlenhydrate: 37 g
Natrium: 280 mg
Eiweiß: 16 g
Zucker: 7 g

FUNKTIONIERT AUCH GUT MIT
Butternusskürbis •
Steckrüben • Gelber
Bete • Süßkartoffeln

Im Grunde ist dieses Rezept nichts anderes als eine große vegetarische Enchilada – aber ohne Tortillas. Rechnen wir es durch: Wenn die Tortilla wegfällt, bleiben die Bohnen, der Mais, das Gemüse und die Gewürze übrig. Anstelle der mit Mehl hergestellten Enchilada-Sauce nehmen wir Dosentomaten und zusätzliche Gewürze. Und wir krönen das Gericht mit unwiderstehlichem geschmolzenem Käse. Durch das Weglassen der traditionell verwendeten stärkehaltigen Zutaten entsteht eine viel leichtere, doch noch immer sättigende Enchilada-Variante.

Kochspray

2 frische Maiskolben, ohne Hüllblätter und Bart

1 EL Olivenöl

1 TL gehackter Knoblauch

1 große weiße Zwiebel, gewürfelt

1 mittelgroße rote Paprikaschote, entkernt und klein gewürfelt

1 Dose (à 400 g) schwarze Bohnen, abgegossen und abgespült

1 Chilischote (am besten Jalapeño), entkernt und fein gehackt

2 TL gemahlener Kreuzkümmel

2 TL getrockneter mexikanischer Oregano

3 TL Chilipulver

2 EL gehackter frischer Koriander Salz und Pfeffer

1 EL frisch gepresster Limettensaft

1 Dose (à 400 g) passierte Tomaten

3 große Möhren, geschält und mit KLINGE C in Spiralstreifen geschnitten, dann zu Reis verarbeitet (siehe Seite 25)

100 g Cheddar(-Käse), klein gewürfelt

80 g Parmesan, gehobelt

1 kleine Dose (85 g) schwarze Oliven, halbiert

(Rezept Fortsetzung)

1 Den Ofen auf 190 °C vorheizen. Eine ungefähr
4 Liter fassende Auflaufform mit Kochspray fetten.

2 Die Maiskolben in eine mittelgroße Kasserolle
legen und mit Wasser bedecken. Eine Prise Salz hinzufügen. Das Wasser bei starker Hitze zum Kochen
bringen und den Mais 2 bis 3 Minuten garen, bis
sich die Körner kräftig gelb färben und leicht mit
einer Gabel einstechen lassen. Abgießen, abkühlen
lassen und die Maiskörner mit einem Messer von den
Kolben lösen.

3 Das Öl auf mittlerer Stufe in einem großen Topf
erhitzen. Wenn das Öl zu schimmern beginnt, Knoblauch, Zwiebeln und Paprikaschote hinzufügen und
2 bis 3 Minuten andünsten, bis die Zwiebeln glasig
sind. Bohnen, Chilischoten, Kreuzkümmel, Oregano,
Chilipulver, Koriander und Maiskörner zugeben. Mit
Salz, Pfeffer und Limettensaft würzen. Die Zutaten
gut mischen und 2 bis 3 Minuten garen, bis sich die
Aromen entfaltet haben. Tomaten und Möhren-Reis
untermischen. Die Mischung unter leichtem Rühren
weitere 2 Minuten garen, dann in die Auflaufform
füllen.

4 Die beiden Käsesorten in einer kleinen Schüssel
mischen und über den Auflauf streuen. Den Auflauf
mit Alufolie bedecken und 15 Minuten im Ofen
backen, bis der Möhren-Reis durch ist. Die Folie
entfernen und den Auflauf weitere 5 bis 10 Minuten
backen, bis der Käse geschmolzen ist und anfängt,
Blasen zu werfen. Mit Oliven garnieren und heiß
servieren.

Je nach Hunger reicht der Auflauf auch
für sechs Portionen. Wenn Ihnen der
Käse-Auflauf zu üppig ist, lassen Sie den
Käse einfach ganz oder teilweise weg.
Backen Sie die Gemüsemischung einfach
15 bis 20 Minuten im Ofen und setzen zum
Servieren auf jede Portion ein Spiegelei.
Reste der Gemüsemischung ohne Käse
können Sie auch gut in einem luftdicht
verschlossenen Behälter ein, zwei Tage im
Kühlschrank aufbewahren.

Pastinaken-Grünkohl-Gratin

ERGIBT
4 Portionen

 GF

VT

VORBEREITUNGSZEIT
20 Minuten

GARZEIT
1 Stunde 20 Minuten

NÄHRWERTE
PRO PORTION:
Kalorien: 391
Fett: 20 g
Kohlenhydrate: 36 g
Natrium: 435 mg
Eiweiß: 19 g
Zucker: 5 g

FUNKTIONIERT AUCH GUT MIT
Kartoffeln •
Süßkartoffeln •
Steckrüben • Beten •
Butternusskürbis

Um ehrlich zu sein, habe ich nie verstanden, was an einem Gratin so Besonderes sein soll – bis ich meine eigene Variante herstellte und die Kartoffeln durch Pastinaken ersetzte. Da Pastinaken leicht süß und nussig sind, schmecken sie köstlich, wenn man sie mit geschmolzenem Gouda krönt. Grünkohl und Knoblauch sorgen in diesem Gericht für Biss und liefern gleichzeitig Nährstoffe. Obwohl die Pastinaken in diesem Gratin wie Kartoffeln aussehen, bringen sie zusätzliche Nährstoffe ins Spiel und reduzieren die Gesamtmenge an Kohlenhydraten und Kalorien. Wenn Sie auf der Suche nach etwas sind, was Sie im Winter für eine Dinnerparty zubereiten oder zu einem Fest mitbringen können, probieren Sie dieses Gratin aus. Die Pastinaken darin können gern unser kleines Geheimnis bleiben.

1 Den Ofen auf 220 °C vorheizen. Eine Auflaufform (Fassungsvermögen etwa 1,5 Liter) mit Kochspray fetten.

2 Das Öl auf mittlerer Stufe in einer großen Pfanne erhitzen. Wenn das Öl zu schimmern beginnt, Knoblauch und Paprikaflocken hinzufügen und 30 Sekunden andünsten, bis sich der Duft entfaltet. Den Grünkohl und zwei Teelöffel Thymian zugeben. Mit Salz und Pfeffer würzen. Den Kohl 3 bis 5 Minuten dünsten, bis er anfängt zusammenzufallen.

3 Ein Viertel der Pastinaken-Nudeln in die Auflaufform geben und mit einem Drittel des Grünkohls bedecken. Darauf ein weiteres Viertel der Gemüse-Nudeln und ein Drittel des Goudas sowie einen Viertel Teelöffel Thymian verteilen. Es folgt wiederum jeweils eine Schicht Grünkohl, Nudeln und Gouda, auf den der restliche Thymian gestreut wird. Der Rest des Grünkohls, der Nudeln und zum Abschluss der restliche Gouda bilden die letzte Schichtung. Den Auflauf mit Alufolie bedecken und 25 bis 30 Minuten im Ofen backen, bis die Gemüse-Nudeln weich, aber noch bissfest sind.

	Kochspray
1 EL	Olivenöl
2	mittelgroße Knoblauchzehen, gehackt
1/4 TL	rote Paprikaflocken
600–700 g	Grünkohl, gehackt
2 1/2 TL	Thymianblättchen
	Salz und Pfeffer
4	große Pastinaken, geschält, von oben nach unten bis zur Mitte eingeschnitten und mit KLINGE A in Spiralstreifen geschnitten
200 g	Gouda, klein gewürfelt

Das Gratin reicht auch für sechs kleinere Portionen.

Auflauf mit Fenchelwürstchen und Butternusskürbis

ERGIBT
4 Portionen

GF

VORBEREITUNGSZEIT
20 Minuten

GARZEIT
40 Minuten

NÄHRWERTE
PRO PORTION:
Kalorien: 573
Fett: 37 g
Kohlenhydrate: 43 g
Natrium: 959 mg
Eiweiß: 21 g
Zucker: 13 g

FUNKTIONIERT AUCH GUT MIT
Süßkartoffeln
• Steckrüben •
Knollensellerie

Wenn Sie frische Zutaten verwenden, die gerade Saison haben, bekommen Sie ein überaus aromatisches Gericht. In diesem Rezept vereint der Auflauf Winterfenchel und Winterkürbis. Der Anisgeschmack und die Süße des Kürbisses haben echten Symbolcharakter. Und die Krönung des Ganzen ist der Pecorino romano, ein pikanter, salziger Käse. Schlagen Sie der Kälte ein Schnippchen und genießen Sie den Winter mit diesem wärmenden, leckeren Auflauf.

1 Den Ofen auf 190 °C vorheizen. Eine 24 x 32 cm große Auflaufform mit Kochspray fetten.

2 Das Olivenöl auf mittlerer Stufe in einer großen Kasserolle erhitzen. Wenn das Öl zu schimmern beginnt, das Wurstbrät und die Zwiebel hinzufügen und 5 Minuten anbraten, bis das Brät gebräunt ist. Paprikaflocken und Knoblauch zugeben und 30 Sekunden andünsten, bis der Knoblauch zu duften beginnt. Tomaten, Käse, Walnüsse, Petersilie, und den Butternusskürbis-Reis einrühren. Mit Salz und Pfeffer würzen. Noch einmal gut mischen.

3 Die Mischung in die Auflaufform füllen und glatt streichen. 25 bis 30 Minuten im Ofen backen, bis der Kürbis-Reis weich ist. Sofort servieren.

Der Auflauf reicht auch für sechs kleinere Portionen.

	Kochspray
1 EL	Olivenöl
5	Schweinswürstchen mit Fenchel, Brät herausgedrückt
1	mittelgroße rote Zwiebel, gewürfelt
1/2 TL	rote Paprikaflocken
3	mittelgroße Knoblauchzehen, gehackt
1 Dose	(à 400 g) gewürfelte Tomaten
50 g	Pecorino romano, gerieben
120 g	Walnüsse, grob gehackt
3 EL	gehackte frische Petersilie
1	großer Butternusskürbis, geschält und mit KLINGE C in Spiralstreifen geschnitten, dann zu Reis verarbeitet (siehe Seite 25)
	Salz und Pfeffer

Hühnchen-Brokkoli-Pfanne

ERGIBT
4 Portionen

GF

VORBEREITUNGSZEIT
20 Minuten

GARZEIT
40 Minuten

NÄHRWERTE
PRO PORTION:
Kalorien: 428
Fett: 25 g
Kohlenhydrate: 6 g
Natrium: 349 mg
Eiweiß: 45 g
Zucker: 2 g

Diese Hühnchen-Brokkoli-Pfanne bringt das Beste aus beiden Welten zusammen. Da die traditionelle Pasta hier durch Brokkoli ersetzt wird, bleibt eine entsprechende bissfeste Konsistenz erhalten, doch punktet das Gericht mit mehr Nährstoffen und mehr Geschmack. Machen Sie sich keinen Kopf, wenn die Brokkoli-Strünke eher halbmondförmige Scheiben als Gemüse-Nudeln liefern: Der geschmolzene Käse hält alles perfekt zusammen.

1 Den Ofen auf 200 °C vorheizen. Einen Esslöffel Öl auf mittlerer Stufe in einer großen ofenfesten Pfanne erhitzen. Wenn das Öl zu schimmern beginnt, das Hühnerfleisch hinzufügen und mit Salz und Pfeffer würzen. Die Fleischwürfel rundum anbraten, bis sie leicht gebräunt sind. Mit dem Bratensaft auf einen Teller geben und beiseite stellen. Die Pfanne nicht reinigen.

2 Leicht gesalzenes Wasser in einem mittelgroßen Topf zum Kochen bringen. Die Brokkoli-Röschen und die Brokkoli-Nudeln zugeben und 2 bis 3 Minuten garen, bis die Röschen weich sind. Abgießen und abtropfen lassen.

3 In der für das Hühnerfleisch verwendeten Pfanne das restliche Öl erhitzen. Wenn das Öl zu schimmern beginnt, Knoblauch und die Zwiebeln hinzufügen und 2 bis 3 Minuten andünsten, bis die Zwiebeln glasig sind. Die Hühnerbrühe zugießen und etwa 2 Minuten lang rühren, bis die Mischung andickt. Hühnerfleisch, Brokkoli-Röschen, Brokkoli-Nudeln, Thymian, Petersilie und Zwiebelpulver untermischen, würzen. Die beiden Käsesorten in einer Schüssel mischen und auf dem Auflauf gleichmäßig verteilen.

4 Den Auflauf mit Alufolie abdecken und 25 Minuten im Ofen backen, bis der Käse Blasen bildet. Die Folie entfernen und den Auflauf weitere 3 bis 5 Minuten backen, bis sich Käse goldbraun färbt.

3 EL	extra natives Olivenöl
450 g	Hühnerbrustfilet, gewürfelt
	Salz und Pfeffer
2	große Brokkoli, in Röschen zerteilt und die Strünke mit KLINGE D in Spiralstreifen geschnitten
2	mittelgroße Knoblauchzehen, gehackt
1	mittelgroße weiße Zwiebel, gewürfelt
125 ml	Hühnerbrühe
1/4 TL	getrockneter Thymian
1/4 TL	getrocknete Petersilie
1/4 TL	Zwiebelpulver
100 g	Cheddar, fein gewürfelt
50 g	Havarti (oder Tilsiter), fein gewürfelt

Der Auflauf reicht auch für sechs kleinere Portionen. Um diesem Gericht noch mehr Geschmack und Biss zu verleihen, können Sie noch eine Schöpfkelle Süßkartoffel-Reis untermischen, bevor Sie den Auflauf mit Käse bestreuen.

REISGERICHTE

Supergericht mit Roter Bete und Quinoa

 ERGIBT
3 Portionen

GF

V

VORBEREITUNGSZEIT
15 Minuten

GARZEIT
15 Minuten

NÄHRWERTE
PRO PORTION:
Kalorien: 312
Fett: 14 g
Kohlenhydrate: 38 g
Natrium: 178 mg
Eiweiß: 12 g
Zucker: 14 g

Wahrscheinlich haben Sie den Begriff Superlebensmittel schon tausendfach gehört, doch was bedeutet er eigentlich? Superlebensmittel haben einen geringen Kalorien-, dafür aber einen hohen Nährstoffgehalt. Was passiert, wenn Sie mehrere Superlebensmittel in einem Gericht kombinieren? Ihre Haut erstrahlt, Ihr Stoffwechsel kommt auf Touren und Sie stärken Ihr Immunsystem. Ich bereite dieses Gericht oft zu, wenn ich vor einem stressigen Reisemarathon eine Extradosis Energie und Nährstoffe brauche.

1 Die Quinoa waschen und mit einem knappen Liter Wasser in einen Topf geben und das Wasser zum Kochen bringen. Die Hitze verringern und die Quinoa 15 Minuten köcheln lassen, bis sie aufgequollen ist. Ist die Quinoa danach noch nicht weich genug, vier Esslöffel Wasser hinzufügen und weiter quellen lassen. Diesen Vorgang bei Bedarf wiederholen, bis die Quinoa weich und schön locker ist.

2 Beten-Reis, Spinat, Mandeln, Avocado und Edamame in einer großen Schüssel mischen.

3 Die Zutaten für das Dressing in eine kleine Schüssel geben und mit dem Schneebesen verquirlen.

4 Die Quinoa und das Dressing zur Beten-Reis-Mischung geben und das Ganze gründlich mischen. Sofort servieren.

80 g	Quinoa
2	mittelgroße Rote Beten, geschält und mit KLINGE C in Spiralstreifen geschnitten, dann zu Reis verarbeitet (siehe Seite 25)
2	große Handvoll Spinat, gehackt
40 g	Mandelstifte
1	Avocado, gewürfelt
180 g	Edamame, gegart

Für das Dressing

4 EL	Apfelessig
2 EL	Limettensaft
1 EL	gehackte frische Minze
2 EL	Honig
	Salz und Pfeffer

Das Gericht reicht auch für vier kleinere Portionen. Edamame erhalten Sie im Bio- oder Asialaden.

Gochugaru-Bibimbap mit Schweinehack und Ingwer

ERGIBT
2 Portionen

VORBEREITUNGSZEIT
20 Minuten

GARZEIT
15 Minuten

NÄHRWERTE
PRO PORTION:
Kalorien: 489
Fett: 28 g
Kohlenhydrate: 23 g
Natrium: 455 mg
Eiweiß: 38 g
Zucker: 12 g

FUNKTIONIERT AUCH GUT MIT
Zucchini • Möhren •
Weißen Rüben

Alles schmeckt besser, wenn man es mit einem Spiegelei krönt! Bei Bibimbap handelt es sich um ein koreanisches Gericht, das aus Reis und verschiedenem Gemüse besteht. Bevor Sie es sich schmecken lassen, sollten Sie jedoch die Zutaten gut miteinander mischen. Und was hält diese zusammen? Das Ei! Wenn das Eigelb angeritzt wird, hüllt es die Zutaten ein und sorgt für eine wunderbar bissfeste Konsistenz mit jeder Menge Geschmack. Der echte Star dieses Reisgerichtes ist hier aber der mit Ingwer, Knoblauch, Frühlingszwiebeln und Gochugaru angedünstete Daikon-Rettich.

1 1/2 EL	natives Kokosöl oder Pflanzenöl
220 g	mageres Schweinehack
2 TL	salzarme Sojasauce
3	große Knoblauchzehen, fein gehackt
	Salz und Pfeffer
1 TL	gehackter frischer Ingwer
1	kleine Frühlingszwiebel, grüne und weiße Teile fein zerkleinert
2	große Daikon-Rettiche, geschält und mit KLINGE D in Spiralstreifen geschnitten, dann zu Reis verarbeitet (siehe Seite 25) und abgetropft
1/2 TL	Gochugaru (koreanisches Chilipulver)

1/2 EL	geröstetes Sesamöl
2	große Handvoll Spinat
	Kochspray
2	große Eier
1	mittelgroße Gurke, mit KLINGE C in Spiralstreifen geschnitten und trocken getupft
1/2 TL	weiße Sesamsamen

(Rezept Fortsetzung)

1 Einen halben Esslöffel Kokosöl auf mittlerer Stufe in einer großen antihaftbeschichteten Pfanne erhitzen. Wenn das Öl zu schimmern beginnt, das Schweinehack hinzufügen und mit einem Holzlöffel zerbröckeln. Die Sojasauce und einen Esslöffel Knoblauch zugeben. Mit Salz und Pfeffer würzen. Das Hackfleisch unter Wenden 5 Minuten braten, bis es gebräunt ist. In eine Schüssel geben und zudecken.

2 In derselben Pfanne das restliche Kokosöl erhitzen, ebenfalls auf mittlerer Stufe. Wenn das Öl zu schimmern beginnt, den Ingwer und den restlichen Knoblauch hinzufügen und 30 Sekunden andünsten, bis sich der Duft entfaltet. Die Frühlingszwiebeln und den Daikon-Reis unterrühren. Eine Minute andünsten, bis sich der Reis hellbraun zu färben beginnt. Das Gochugaru zugeben und Mischung unter häufigem Rühren etwa 5 Minuten garen, bis der Daikon-Reis gut durchwärmt ist. In eine Schüssel umfüllen und zudecken.

3 In derselben Pfanne und weiterhin auf mittlerer Stufe das Sesamöl erhitzen. Wenn das Öl zu schimmern beginnt, den Spinat zugeben und unter häufigem Rühren etwa 2 Minuten garen, bis er zusammenfällt. In eine Schüssel geben und zudecken.

4 Die Pfanne bei mittlerer Hitze auf den Herd zurückstellen und mit Kochspray fetten. Die Eier in die Pfanne schlagen und 3 bis 5 Minuten braten, bis das Eiweiß fest, das Eigelb aber noch flüssig ist.

5 Daikon-Reis, Hackfleisch, Spinat und Gurken-Nudeln auf zwei tiefe Teller verteilen. Die Sesamsamen über den Spinat streuen und jeden Teller mit einem Spiegelei krönen. Sofort servieren.

Mitunter ist es schwierig, Gochugaru – ein koreanisches Gewürzpulver aus getrockneten Chilischoten – im Lebensmittelhandel zu finden. Wenn es in Ihrer Nähe keinen Asialaden gibt, finden Sie es garantiert in einem Online-Shop. Das Gochugaru-Bibimbap wird Sie so sehr begeistern, dass Sie dieses Gewürz, das sich durch nichts ersetzen lässt, mit Sicherheit wieder verwenden möchten.

Teriyaki-Lachsbällchen mit Ingwer-Ananas-Reis

ERGIBT
3 Portionen

VORBEREITUNGSZEIT
20 Minuten

GARZEIT
20 Minuten

NÄHRWERTE
PRO PORTION:
Kalorien: 336
Fett: 13 g
Kohlenhydrate: 28 g
Natrium: 952 mg
Eiweiß: 28 g
Zucker: 16 g

FUNKTIONIERT AUCH GUT MIT
Süßkartoffeln •
Beten • Kohlrabi

Diese Lachsbällchen sind aus einem Zufall heraus entstanden. Als ich das Abendessen für Lu und mich zubereitete, bemerkte ich plötzlich, dass ich nur ein kleines Lachsfilet hatte. Da das Rezept schon weitgehend vorbereitetet war, beschloss ich, Lachsfrikadellen zu machen, aber ich hatte keine Semmelbrösel. Als ich suchend in meinen Kühlschrank starrte, erblickte ich ein paar Brokkoli-Röschen und kam auf die Idee, diese in Brotkrümel zu verwandeln. Das Ergebnis? Perfekt weiche Lachsbällchen mit einem leisen Hauch von warmem Brokkoli! Ich werde die Lachsbällchen nie mehr anders zubereiten.

Für die Teriyaki-Sauce

4 EL	salzarme Sojasauce
1	mittelgroße Knoblauchzehe, fein gehackt
1 TL	geriebener frischer Ingwer
1 EL	Honig
2 EL	Mirin
	Pfeffer

Für die Lachsbällchen

5–6	Brokkoli-Röschen
280 g	Lachsfilet ohne Haut
2 EL	fein gewürfelte Schalotten
2 TL	fein gehackter Knoblauch
	Salz und Pfeffer

Für den Reis

1 EL	natives Kokosöl
1 TL	gehackter frischer Ingwer
1 TL	gehackter Knoblauch
1	kleine Frühlingszwiebel, grüne und weiße Teile fein zerkleinert
2	große Möhren, geschält und mit KLINGE c in Spiralstreifen geschnitten, dann zu Reis verarbeitet (siehe Seite 25)
1	Handvoll Ananaswürfel
	Salz und Pfeffer

(Rezept Fortsetzung)

1 Den Ofen auf 200 °C vorheizen und ein Backblech mit Backpapier belegen.

2 Die Teriyaki-Sauce anrühren. Die Zutaten in eine kleine Schüssel geben und mit dem Schneebesen verquirlen.

3 Die Lachsbällchen zubereiten. Die Brokkoli-Röschen in einer Küchenmaschine zerkleinern, bis eine an Brotbrösel erinnernde Konsistenz erreicht ist. Lachs, Schalotten, Knoblauch, Salz und Pfeffer zugeben und so lange durcharbeiten, bis das Lachsfilet zerkleinert und die Brokkoli-Brösel gleichmäßig verteilt sind. Aus der Mischung mit den Händen Bällchen mit einem Durchmesser von 2,5 cm formen und diese auf das vorbereitete Backblech setzen. 11 bis 13 Minuten backen, dabei nach der Hälfte der Backzeit einmal wenden.

4 Die Lachsbällchen herausnehmen und mit ein wenig Teriyaki-Sauce bestreichen. Wieder in den Ofen schieben und weitere 5 Minuten backen.

5 Den Gemüse-Reis zubereiten. Das Kokosöl auf mittlerer Stufe in einer großen antihaftbeschichteten Pfanne erhitzen. Wenn das Öl zu schimmern beginnt, Ingwer, Knoblauch und Frühlingszwiebeln hinzufügen und etwa 30 Sekunden andünsten, bis sich der Duft entfaltet. Möhren-Reis, die Ananas und einen Esslöffel Teriyaki-Sauce zugeben. Mit Salz und Pfeffer würzen. Das Ganze gut mischen und 5 bis 7 Minuten garen, bis der Reis anfängt, weich zu werden.

6 Den Gemüse-Reis mit den Lachsbällchen anrichten und sofort servieren.

Die Lachsbällchen passen gut zu Zucchini-Nudeln, die mit Sesamöl, Ingwer und Knoblauch kurz angebraten wurden.

Würzige Meeresfrüchte-Chorizo-Paella

ERGIBT
4 Portionen

GF

P

VORBEREITUNGSZEIT
20 Minuten

GARZEIT
25 Minuten

NÄHRWERTE
PRO PORTION:
Kalorien: 158
Fett: 4 g
Kohlenhydrate: 17 g
Natrium: 307 mg
Eiweiß: 13 g
Zucker: 7 g

FUNKTIONIERT AUCH GUT MIT
Kohlrabi • Butter-
nusskürbis • Beten

Als ich im Ausland studierte, träumte ich davon, Barcelona zu besuchen. Ich träumte nicht von wunderbaren Menschen in edler Kleidung, von der sagenhaften Architektur, von der beeindrucken- den Landschaft oder der reichen Geschichte und Kultur. Nein, ich träumte von einer Paella – einer großen Pfanne, gefüllt mit Reis, Fleisch, Meeresfrüchten und spanischen Gewürzen. Als ich endlich dort war, erstarrte ich in Ehrfurcht vor jeder Paella, ganz gleich, ob sie die Größe einer Vorspeise oder eines veritablen Abendessens hatte. Die hier vorgestellte Paella ist eine gesündere, vereinfachte Variante einer Speise, die zu den wirklich bemerkenswertesten der Welt gehört.

1 Das Öl auf mittlerer Stufe in einer großen Pfanne erwärmen. Wenn das Öl zu schim- mern beginnt, Knoblauch, Paprikaflocken, Zwiebeln und Paprikaschote hinzufügen und 2 bis 3 Minuten andünsten, bis die Paprika beginnt, weich zu werden. Die Chorizo zu- geben und 2 bis 3 Minuten anbraten, bis sie anfängt, sich zu bräunen. Tomaten, Erbsen, Möhren-Reis, Chilipulver, Paprikapulver, Kurkuma, Zitronensaft, Koriander, Salz und Pfeffer zugeben. Das Ganze gut durch- rühren, damit sich die Zutaten verbinden.

2 Kabeljau und Shrimps unter den Reis heben. Die Pfanne zudecken und die Paella ohne umzurühren 5 bis 7 Minuten garen, bis der Fisch und die Shrimps gar sind. Mit Petersilie garnieren und sofort servieren.

Wenn Sie eine Paella-Pfanne haben, benutzen Sie diese. Wenn nicht, nehmen Sie einfach die größte und tiefste Pfanne, die Sie haben – das funktioniert genauso gut.

1 EL	Olivenöl
1 EL	gehackter Knoblauch
1/4 TL	rote Paprikaflocken
1	mittelgroße Zwiebel, klein gewürfelt
1	kleine grüne Paprikaschote, entkernt und gewürfelt
1	große Chorizo(-Wurst), in etwa 0,5 cm dicke Scheiben geschnitten
1 Dose	(à 400 g) gewürfelte Tomaten
75 g	gefrorene Erbsen
2	große Möhren, geschält und mit KLINGE C in Spiralstreifen geschnitten, dann zu Reis verarbeitet (siehe Seite 25)
1 TL	Chilipulver
1 TL	geräuchertes Paprikapulver
1/2 TL	gemahlene Kurkuma
2 EL	Zitronensaft
1 EL	gehackter frischer Koriander
	Salz und Pfeffer
120 g	Kabeljaufilet, in 2,5 cm große Würfel geschnitten
12	mittelgroße Shrimps (TK-Ware aufgetaut), ohne Schale und Darm
2 TL	gehackte frische Petersilie

PASTA & NUDELN

Bacon Cacio e Pepe
(Bacon mit Käse und Pfeffer)

ERGIBT
2 Portionen

GF

VORBEREITUNGSZEIT
10 Minuten

GARZEIT
15 Minuten

NÄHRWERTE
PRO PORTION:
Kalorien: 161
Fett: 9 g
Kohlenhydrate: 6 g
Natrium: 360 mg
Eiweiß: 9 g
Zucker: 3 g

FUNKTIONIERT AUCH GUT MIT
Pastinaken •
Chayote • Brokkoli •
Butternusskürbis •
Kohlrabi

Einfach, sexy und dekadent: In diesem Gericht verschmelzen die beiden Käsesorten perfekt mit den warmen Zucchini-Nudeln. In Kombination mit dem Bacon und dem Pfeffer ergibt sich ein so cremiger und leichter Geschmack, dass Sie kaum glauben werden, keine »richtige« Pasta zu essen. Und was am wichtigsten ist: Sie können Ihren romantischen Abend genießen, ohne sich aufgebläht zu fühlen. Meine Damen, falls Sie es schwierig finden, Ihren Mann davon zu überzeugen, Zucchini-Nudeln zu essen, verwöhnen Sie ihn mit diesem Gericht – schon nach dem ersten Bissen wird sich seine Skepsis in Luft auflösen!

1 Eine große Pfanne auf mittlerer Stufe erhitzen und mit einem Hauch von Kochspray fetten. Ist die Pfanne so heiß, dass darin Wassertropfen zischend verdampfen, den Bacon hinzufügen und kross braten. Herausnehmen und auf Küchenpapier abtropfen lassen.

2 In dieselbe Pfanne den Knoblauch und die Paprika-flocken geben und 30 Sekunden andünsten, bis sich der Duft entfaltet. Die Zucchini-Nudeln hinzufügen und unter gelegentlichem Wenden 2 bis 3 Minuten garen, bis sie weich, aber noch bissfest sind. Groß-zügig mit Pfeffer würzen und die beiden Käsesorten so gründlich untermischen, dass die Nudeln mit dem Käse überzogen sind.

3 Die Käse-Nudeln auf tiefen Tellern anrichten und nach Belieben mit Pfeffer und Parmigiano bestreuen. Den Bacon zerkrümeln und die Nudeln damit krönen. Sofort servieren.

Kochspray

3 Streifen Bacon (Frühstücksspeck)

1 große Knoblauchzehe, gehackt

1 Prise rote Paprikaflocken

2 mittelgroße Zucchini, geschält und mit KLINGE C in Spiralstreifen geschnitten

Pfeffer aus der Mühle

60 g Pecorino romano, gerieben

60 g Parmigiano reggiano, gerieben

geriebener Parmigiano reggiano zum Garnieren

Damit die Zucchini-Nudeln wie auf diesem Rezeptfoto fast wie ganz normale Pasta aussehen, werden die Zucchini geschält, bevor sie mit dem Spiralschneider in Spiralstreifen geschnitten werden.

Spaghetti mit Pesto und Rispentomaten

ERGIBT
3 Portionen

VORBEREITUNGSZEIT
20 Minuten

NÄHRWERTE
PRO PORTION:
Kalorien: 277
Fett: 26 g
Kohlenhydrate: 8 g
Natrium: 113 mg
Eiweiß: 6 g
Zucker: 4 g

FUNKTIONIERT AUCH GUT MIT
Beten • Kohlrabi

Gleich nach der einfachen Tomatensauce kommt das Pesto als vollkommene Pasta-Ergänzung. Sein klassisch-italienischer Geschmack erweckt jegliche Pasta zum Leben. In Kombination mit Zucchini-Spaghetti bringt das Pesto in diesem Rezept das Potenzial von Gemüse-Nudeln perfekt zur Geltung. Sie werden das Gefühl haben, in einer italienischen Trattoria zu schlemmen, aber dennoch Ihre schlanke Taille nicht zu gefährden. Wenn Sie noch darüber nachdenken, ob Sie den Spiralschneider einsetzen möchten, empfehle ich Ihnen dieses Rezept – es ist einfach, schnell zuzubereiten und wird Ihnen garantiert schmecken.

1 Basilikum, Pinienkerne, Olivenöl, Salz, Pfeffer, Knoblauch und Parmesan in eine Küchenmaschine geben und so lange durcharbeiten, bis ein cremiges Pesto entstanden ist.

2 Zucchini-Nudeln, Tomaten und Pesto in eine große Schüssel geben und gründlich mischen. Zimmerwarm servieren.

200 g	Basilikum
3 EL	Pinienkerne
4 EL	Olivenöl
1/2 TL	Meersalz aus der Mühle
1/4 TL	schwarzer Pfeffer aus der Mühle
1	große Knoblauchzehe, gehackt
3 EL	geriebener Parmesan
2	mittelgroße Zucchini, mit KLINGE C in Spiralstreifen geschnitten
200 g	möglichst kleine Kirschtomaten, größere halbieren

Wenn Sie dieses Gericht gegart bevorzugen, erwärmen Sie die Zucchini-Nudeln 2 bis 3 Minuten bei mittlerer Hitze in einer großen Pfanne. Sobald die Nudeln al dente sind, fügen Sie die Tomaten und das Pesto hinzu und rühren die Zutaten 1 bis 2 Minuten, bis sie durchgewärmt sind.

Würziges Knoblauch-Krebsfleisch mit Pastinaken

ERGIBT
2 Portionen

VORBEREITUNGSZEIT
15 Minuten

GARZEIT
15 Minuten

NÄHRWERTE
PRO PORTION:
Kalorien: 312
Fett: 14 g
Kohlenhydrate: 27 g
Natrium: 399 mg
Eiweiß: 22 g
Zucker: 7 g

FUNKTIONIERT AUCH GUT MIT
Zucchini • Chayote •
Daikon-Rettich •
Kohlrabi

Alle Rezepte in diesem Kochbuch sind unwiderstehlich lecker – aber dieses hier ist etwas ganz Besonderes. Pastinaken zählen zu jenen Gemüsen, die man mitunter nicht sonderlich schätzt. In der Regel zerstampft man sie einfach zu Mus oder brät sie gemeinsam mit anderem Wurzelgemüse. Als ich anfing, sie mit dem Spiralschneider zu verarbeiten, lernte ich die Pastinaken jedoch auf ganz neue Art zu schätzen. In diesem Gericht passt ihre Süße fantastisch zu dem Krebsfleisch, das wegen seines eigenen delikaten, süßlichen Geschmacks gepriesen wird. Glauben Sie mir, Sie werden es nicht schaffen, bei diesem Gericht Messer und Gabel beiseite zu legen, bevor Sie Ihre Portion aufgegessen haben.

1 Das Öl auf mittlerer Stufe in einer großen Pfanne erwärmen. Wenn das Öl zu schimmern beginnt, den Knoblauch und die roten Paprikaflocken in die Pfanne geben und 30 Sekunden andünsten, bis sich der Duft entfaltet.

2 Die Pastinaken-Nudeln hinzufügen und großzügig mit Salz und Pfeffer würzen. Deckel auflegen und die Pastinaken-Nudeln 1 bis 3 Minuten garen, bis sie weich, aber noch bissfest sind. Dabei ab und zu den Deckel abnehmen und umrühren.

3 Krebsfleisch und Zitronensaft zu den Nudeln geben und weitere 2 Minuten garen, bis das Krebsfleisch erwärmt ist. Mit Petersilie und Erbsensprossen garnieren und heiß servieren.

2 EL	Olivenöl
2	mittelgroße Knoblauchzehen, gehackt
1/4 TL	rote Paprikaflocken
2	große Pastinaken, geschält und mit KLINGE C in Spiralstreifen geschnitten
	Salz und Pfeffer
200 g	Krebsfleisch
1 EL	frisch gepresster Zitronensaft
	Gehackte frische Petersilie
1	kleine Handvoll Erbsensprossen

Dieses Rezept wird durch den milden Geschmack von echtem Krebsfleisch beflügelt – Krebsfleischimitat (Surimi) funktioniert dagegen nicht annähernd so gut.

Wenn Sie sich nicht weizenfrei ernähren, servieren Sie dieses Gericht mit knusprigem warmem Vollkornbrot oder mit italienischem Brot und tunken die Sauce damit auf. Das Rezept reicht auch für vier kleinere Portionen.

Zucchini-Linguine mit Knoblauch-Muschel-Sauce

ERGIBT
3 Portionen

GF

VORBEREITUNGSZEIT
20 Minuten

P

GARZEIT
25 Minuten

NÄHRWERTE
PRO PORTION:
Kalorien: 237
Fett: 8 g
Kohlenhydrate: 20 g
Natrium: 1077 mg
Eiweiß: 20 g
Zucker: 4 g

FUNKTIONIERT AUCH GUT MIT
Kohlrabi • Butternuss-
kürbis • Pastinaken •
Steckrüben •
Knollensellerie

Das Lieblingspastagericht meiner Kindheit waren die Knoblauch-Krebsfleisch-Spaghetti meiner Mutter. Die Zutaten waren so bescheiden, aber der Geschmack unglaublich intensiv. Als ich älter wurde und anfing, auswärts zu essen, entdeckte ich Muschel-Sauce. Muscheln haben dasselbe leichte Meeresfrüchte-Aroma, doch ist ihr Geschmack kräftiger und wird von den Zucchini-Nudeln in diesem Gericht perfekt aufgenommen. An einem warmen Sommerabend im Kreis von Freunden und geliebten Menschen schmeckt die Knoblauch-Muschel-Sauce wunderbar – und erinnert uns wieder daran, was wirklich zählt.

1 Das Öl auf mittlerer Stufe in einer großen Kasserolle erhitzen. Wenn das Öl zu schimmern beginnt, Knoblauch und Schalotten hinzufügen und 2 bis 3 Minuten andünsten, bis die Schalotten glasig sind. Paprikaflocken, Muschelsaft und Wein zugeben. Mit Salz und Pfeffer würzen. Den Sud bei starker Hitze zum Kochen bringen und bei geringer Hitze köcheln lassen, bis die Flüssigkeit zur Hälfte eingekocht ist.

2 Die frischen Venusmuscheln in die Sauce geben und zugedeckt 7 bis 10 Minuten gar ziehen lassen. (Alle Muscheln wegwerfen, die sich nach der Garzeit nicht geöffnet haben!) Das Muschelfleisch aus der Dose, die Zucchini-Nudeln und einen Esslöffel Petersilie unterheben und die Mischung 2 bis 3 Minuten garen, bis die Zucchini-Nudeln weich, aber noch bissfest sind.

3 Die Muschel-Zucchini-Pasta auf tiefen Tellern anrichten und mit der restlichen Petersilie, etwas Pfeffer und den Zitronenvierteln garnieren.

2 EL	Olivenöl
2	Knoblauchzehen, gehackt
2	mittelgroße Schalotten, gehackt
1 Prise	rote Paprikaflocken
1 Dose	(Füllgewicht ca. 130 g) zerkleinerte Venusmuscheln, beim Abgießen die Hälfte der Flüssigkeit auffangen
125 ml	trockener Weißwein (z. B. Sauvignon Blanc)
	Salz und Pfeffer
650 g	frische Venusmuscheln, abgespült und geschrubbt
3	große Zucchini, mit KLINGE C in Spiralstreifen geschnitten
2 EL	fein gehackte frische Petersilie
	grob gemahlener Pfeffer aus der Mühle
2	Zitronen, in Viertel geschnitten

Bikini-Bolognese

ERGIBT
2 Portionen

GF

VORBEREITUNGSZEIT
20 Minuten

GARZEIT
25 Minuten

NÄHRWERTE
PRO PORTION:
Kalorien: 285
Fett: 11 g
Kohlenhydrate: 31 g
Natrium: 452 mg
Eiweiß: 21 g
Zucker: 6 g

FUNKTIONIERT AUCH GUT MIT
Kohlrabi •
Süßkartoffeln •
Möhren • Beten •
Butternusskürbis •
Steckrüben • Knollen-
sellerie • Chayote

Mir gefällt der Gedanke, ein Leben ohne Einschränkungen zu führen, doch einmal hat dies vielleicht nicht so ganz geklappt. Als ich bei einem gemeinsamen Urlaub mit meiner Familie nach einem langen Reisetag in Rom ankam, bestellte mein Vater beim Zimmerservice sein Lieblingspastagericht: Rigatoni mit Sauce bolognese. Da ich damals kein Fleisch aß, sah ich zu, wie es sich meine Familie schmecken ließ. Bis zum heutigen Tag erinnere ich mich an die riesige, mit dicken Rigatoni gefüllte Porzellanschüssel und an den Duft, der den Raum erfüllte. Natürlich folgte ich nicht dem »Damals in Rom«-Mantra. Dieses Rezept ist ein italienischer Klassiker und gehört in Ihr Repertoire.

1 Sellerie und Möhren in eine Küchenmaschine geben und zu stückigem Püree verarbeiten.

2 Das Öl auf mittlerer Stufe in einer großen Pfanne erhitzen. Wenn das Öl zu schimmern beginnt, den Knoblauch hinzufügen und 30 Sekunden andünsten, bis sich der Duft entfaltet. Die Paprikaflocken zugeben und unter Rühren 30 Sekunden andünsten. Die Zwiebeln untermischen und weitere 1 bis 2 Minuten garen, bis sie anfangen, weich zu werden. Mit Salz und Pfeffer würzen.

3 Das Möhren-Sellerie-Püree unterrühren und 2 Minuten garen, bis die Gemüsebröckchen beginnen, weich zu werden. Die Gemüsemischung auf eine Seite der Pfanne schieben und das Hackfleisch auf die andere Seite legen, dabei größere Stücke mit einem Holzlöffel zerkleinern. Eine Prise Oregano hinzufügen und das Hackfleisch so lange anbraten, bis es gebräunt ist. Hackfleisch und Gemüse in der Pfanne mischen und mit einer weiteren Prise Oregano würzen.

1/2 Stange	Staudensellerie, gewürfelt
1/2	mittelgroße Möhre, gewürfelt
2 EL	Olivenöl
2	mittelgroße Knoblauchzehen, gehackt
1 TL	rote Paprikaflocken
1/2	mittelgroße rote Zwiebel, fein gewürfelt
	Salz und Pfeffer
220 g	Putenhackfleisch
1 EL	getrockneter Oregano
4 EL	salzarme Hühnerbrühe
1 Dose	(à 400 g) passierte Tomaten
3 TL	Tomatenmark
1	kleine Handvoll Basilikumblätter, in feine Streifen geschnitten
2 bis 2,5	große Zucchini, mit KLINGE C in Spiralstreifen geschnitten
	Parmesan, gehobelt

4 Die Hühnerbrühe zugießen und das Ganze so lange köcheln lassen, bis die Flüssigkeit aufgenommen ist. Passierte Tomaten und Tomatenmark zugeben. Großzügig mit Salz und Pfeffer würzen. Den restlichen Oregano hinzufügen. Die Sauce bei starker Hitze zum Kochen bringen, dann bei geringer bis mittlerer Hitze 15 Minuten köcheln lassen.

5 Basilikum und die Zucchini-Nudeln gründlich unter die Sauce mischen. Weitere 2 bis 3 Minuten garen, bis die Zucchini-Nudeln weich, aber noch bissfest sind. Mit Parmesan bestreuen und heiß servieren.

Wenn Sie die Bolognese sehr würzig mögen, fügen Sie in Schritt 2 einfach mehr rote Paprikaflocken hinzu.

Gebratener Ahi mit Chimichurri

ERGIBT
2 Portionen

VORBEREITUNGSZEIT
20 Minuten

GARZEIT
10 Minuten

NÄHRWERTE
PRO PORTION:
Kalorien: 360
Fett: 22 g
Kohlenhydrate: 14 g
Natrium: 57 mg
Eiweiß: 27 g
Zucker: 3 g

Meine Freundin Jen, die ihre Ausbildung an der internationalen Kochschule *Le Cordon Bleu* in Paris absolvierte, nahm an einem Fernseh-Kochwettbewerb teil und musste die Jury mit nur einem Gericht überzeugen. Als sie sich für die Kochshow vorbereitete, lud sie mich ein, um verschiedene Rezepte auszuprobieren. Darunter war ein Gericht, das stilvoll mit einer Chimichurri-Sauce beträufelt war. Ich weiß immer noch, wie spritzig sie war, und machte mich auf meine Weise daran, die Sauce nachzubauen. In diesem Rezept mit leichten Gurken-Nudeln und scharf angebratenem Thunfisch vollbringt sie wahre Wunder.

1 Die Sauce zubereiten. Alle Saucen-Zutaten in den Mixer geben und zu einer glatten, cremigen Sauce verarbeiten.

2 Die Fischfilets großzügig von beiden Seiten mit Salz und Pfeffer bestreuen und die Gewürze mit den Händen ein wenig andrücken. Das Olivenöl auf mittlerer Stufe in einer großen antihaftbeschichteten Pfanne erhitzen. Wenn das Öl zu schimmern beginnt, den Thunfisch zugeben und von jeder Seite 1 bis 1,5 Minuten anbraten. Den Thunfisch mit Limettensaft beträufeln, aus der Pfanne nehmen und in etwa 1,25 cm breite Streifen schneiden.

3 Die nochmals trocken getupften Gurken-Nudeln auf zwei Tellern anrichten und mit Chimichurri-Sauce beträufeln. Die Thunfischstreifen auf die Nudeln legen und ebenfalls mit etwas Sauce beträufeln. Sofort servieren.

Wenn Sie den Thunfisch stärker durchgebraten bevorzugen, garen Sie die Filets auf jeder Seite 2 bis 3 Minuten länger. Falls Sie den Ahi (Gelbflossen-Thunfisch) weder frisch noch gefroren bekommen, können Sie auch den gängigen roten Thunfisch verwenden.

Für die Chimichurri-Sauce

1/2 Bund	glatte Petersilie
1/2 TL	getrockneter Oregano
1	Handvoll Korianderblättchen
2	mittelgroße Knoblauchzehen, gehackt
1/2	scharfe Chilischote, entkernt und fein gewürfelt
1/4	einer mittelgroßen weißen Zwiebel, gewürfelt
1 1/2 EL	Rotweinessig
2 EL	Olivenöl
	Salz und Pfeffer

Für den Fisch

2 Filets	à 110 g vom Gelbflossen-Thun (Ahi)
	Salz
	Schwarzer Pfeffer aus der Mühle, grob gemahlen
1 EL	Olivenöl
2 EL	Limettensaft
1	große Gurke, entkernt und mit KLINGE D in Spiralstreifen geschnitten, trocken getupft und gekühlt

Weiße Rüben mit Pesto und Rosenkohlblättchen

ERGIBT
3 Portionen

GF

VORBEREITUNGSZEIT
15 Minuten

V

GARZEIT
15 Minuten

P

NÄHRWERTE
PRO PORTION:
Kalorien: 310
Fett: 26 g
Kohlenhydrate: 17 g
Natrium: 138 mg
Eiweiß: 4 g
Zucker: 8 g

FUNKTIONIERT AUCH GUT MIT
Pastinaken • Zucchini •
Steckrüben • Butter-
nusskürbis • Beten •
Knollensellerie

Weiße Rüben sind nicht ganz einfach zu verarbeiten, da sie einen ausgeprägten, an Rettich erinnernden Geschmack aufweisen. Bei diesem Rezept werden die warmen Rüben-Nudeln mit einem kräftigen Pesto gemischt, wodurch man dieses Wurzelgemüse genießen kann, ohne dass seine bittere Note zu stark durchkommt. Der Rosenkohl bringt eine fast samtartige Milde ins Spiel, außerdem enthält er eine stattliche Menge Vitamin C, gerade während der kalten Wintermonate ein wichtiger Nährstoff. Bleiben Sie gesund und machen Sie es sich mit diesem warmen, aromatischen Pastagericht gemütlich!

1 Das Pesto zubereiten. Alle Pesto-Zutaten in den Mixer geben und zu einem cremigen Pesto verarbeiten.

2 Die Gemüse-Nudeln zubereiten. Das Öl auf mittlerer Stufe in einer großen Pfanne erhitzen. Wenn das Öl zu schimmern beginnt, Rosenkohl und die Weiße-Rüben-Nudeln zugeben. Mit Salz und Pfeffer würzen. Den Deckel auflegen und das Ganze unter gelegentlichem Rühren 3 bis 5 Minuten dünsten, bis die Gemüse-Nudeln weich, aber noch bissfest sind. Das Gemüse in eine große Schüssel füllen und das Pesto gründlich untermischen. Heiß servieren.

Für das Pesto

3	große Handvoll Basilikumblätter
2 EL	Pinienkerne
4 EL	Olivenöl
1	große Knoblauchzehe, gehackt
1/2 TL	Meersalz aus der Mühle
1/4 TL	schwarzer Pfeffer aus der Mühle

Für die Gemüse-Nudeln

1 EL	extra natives Olivenöl
250 g	Rosenkohl, gepulzt, halbiert und in feine Streifen geschnitten
3	mittelgroße Weiße Rüben, geschält und mit KLINGE C in Spiralstreifen geschnitten
	Salz und Pfeffer

Machen Sie zur Abwechslung aus dem Basilikum-Pesto ein Koriander-Pesto und nehmen Sie Kürbiskerne anstelle der Pinienkerne.

DESSERTS

Mandelbutter-Riegel mit Pekannüssen, Möhren und Schokoguss

Knuspriger Birnen-Rhabarber-Auflauf

Blaubeer-Birnen-Eis am Stiel

Süßkartoffel-Muffins mit Schokostücken

Mandelbutter-Riegel mit Pekannüssen, Möhren und Schokoguss

ERGIBT
8 Riegel

GF

VORBEREITUNGSZEIT
30 Minuten

V

NÄHRWERTE
PRO PORTION: 1 Riegel

P

Kalorien: 316
Fett: 26 g
Kohlenhydrate: 19 g
Natrium: 76 mg
Eiweiß: 10 g
Zucker: 11 g

Was das gesunde Essen angeht, besteht einer der ältesten Tricks darin, für alle Fälle gerüstet zu sein. Wenn Sie Ihren Kühlschrank und das Vorratsregal mit nahrhaften Snacks füllen, sind Sie von vornherein auf der sicheren Seite, denn es bleibt Ihnen gar nichts anderes übrig, als gesunde Dinge zu essen, wenn Sie Hunger bekommen. Diese Dessert-Riegel punkten mit allem, was lecker ist: Schokolade, knackigen Nüssen, cremiger Mandelbutter und sogar etwas Obst und Gemüse.

1 Eine flache, 28 ×18 cm große Backform mit Backpapier auskleiden.

2 Die Riegel zubereiten. Alle Zutaten in ein große Schüssel geben und sehr gründlich mischen.

3 Die Mixtur in die Backform füllen und gleichmäßig verstreichen. Ein Stück Frischhaltefolie auf die Oberfläche legen und den Riegelteig mit den Händen zu einer ebenmäßigen, etwa 2,5 cm dicken Schicht zusammendrücken. Die Folie entfernen.

4 Den Schokoguss zubereiten. Schokolade und Mandelmilch in eine kleine Kasserolle geben und auf mittlerer Stufe unter kontinuierlichem Rühren so lange erhitzen, bis die Schokolade geschmolzen ist. Wenn die Sauce zu dick erscheint, mehr Mandelmilch zugeben, aber maximal einen Esslöffel auf einmal.

5 Den Schokoguss über die Möhren-Reis-Mischung träufeln. Die Backform mindestens 4 Stunden ins Gefriergerät stellen und die Riegel in noch gefrorenem Zustand in acht Riegel schneiden. In einem luftdicht verschlossenen Behälter im Kühlschrank aufbewahren und gekühlt servieren.

Für die Riegel

2	große Möhren, geschält und mit **KLINGE C** in Spiralstreifen geschnitten, dann zu Reis verarbeitet (siehe Seite 25)
120 g	cremige Mandelbutter
1 EL	reiner Ahornsirup
65 g	Pekannüsse, grob gehackt
65 g	Sultaninen
1 Prise	Salz

Für den Schokoguss

1/2 Tafel	Schokolade, zerkleinert
2 EL	Mandelmilch

Diese Riegel lassen sich leicht an Ihre persönlichen Vorlieben anpassen. Experimentieren Sie mit anderen Nüssen, etwa Mandeln und Walnüssen, oder einer anderen Nussbutter, beispielsweise mit Haselnuss- oder Erdnussbutter. Das Rezept reicht auch für zehn kleinere Riegel.

Knuspriger Birnen-Rhabarber-Auflauf

ERGIBT
4 Portionen

VORBEREITUNGSZEIT
15 Minuten

GARZEIT
30 Minuten

NÄHRWERTE
PRO PORTION:
Kalorien: 142
Fett: 2 g
Kohlenhydrate: 32 g
Natrium: 33 mg
Eiweiß: 3 g
Zucker: 16 g

FUNKTIONIERT AUCH GUT MIT
Äpfeln

Rhabarber wird gern zum Backen eingesetzt, da seine perfekte natürliche Säure gut zu süßen Früchten passt. Das Besondere an diesem Rezept ist die Kombination mit den Birnen. Und das Beste – Sie brauchen nicht am Küchentisch zu stehen und die Birnen mühsam mit einem Gemüsehobel oder Messer in Form bringen: Das erledigt der Spiralschneider schneller und besser! Für diesen Nachtisch brauchen Sie vier 175-ml-Auflaufförmchen.

1 Den Ofen auf 175 °C vorheizen. Vier 175-ml-Auflaufförmchen mit Kochspray fetten.

2 Rhabarber, Birnen-Nudeln, Zimt, Orangensaft und Orangenschale in eine große Schüssel geben und gründlich mischen.

3 Die Mischung gleichmäßig auf die Auflaufförmchen verteilen. Auf ein Backblech setzen und die kleinen Aufläufe im Ofen 30 Minuten backen, bis die Birnen-Nudeln weich sind.

4 In jedes Förmchen zwei Esslöffel Müsli geben und die Aufläufe weitere 5 Minuten backen. Sofort servieren.

Kochspray

3 kleine Stangen Rhabarber, in kleine Würfel geschnitten

3 Birnen, mit KLINGE C in Spiralstreifen geschnitten

1 TL gemahlener Zimt

3 EL frischer Orangensaft
Schale von 1/2 Orange

8 EL glutenfreies Müsli

Blaubeer-Birnen-Eis am Stiel

ERGIBT
10 Eis am Stiel

GF

VT

VORBEREITUNGSZEIT
8 Stunden

NÄHRWERTE
PRO PORTION: 1 Eis am Stiel
Kalorien: 41
Fett: 0
Kohlenhydrate: 10 g
Natrium: 4 mg
Eiweiß: 1 g
Zucker: 7 g

Ich mochte Joghurt mit echten Fruchtstücken unten im Becher immer am liebsten. Letzten Endes geht es beim gesunden Essen ja darum, möglichst wenig verarbeitete Lebensmittel zu sich zu nehmen. Verzichten Sie deshalb auf industriell gefertigtes, mit Fruchtsaftkonzentrat hergestelltes Speiseeis und bereiten Sie dieses fantastische Joghurteis zu, das eine echte fruchtige Überraschung bietet: Wenn das Eis am Stiel zu schmelzen anfängt, kommen die Birnen-Nudeln durch! Für dieses Rezept benötigen Sie Eisförmchen und Eisspatel oder flache Eislöffelchen beziehungsweise etwas Ähnliches (siehe Tipp).

1 Joghurt, Blaubeeren und Honig in den Mixer geben und auf langsamer Stufe cremig mixen. Die Birnen-Nudeln so kürzen, dass sie nicht länger als 7,5 bis 10 cm sind.

2 Jedes Eisförmchen mit einer dünnen Schicht Birnen-Nudeln auskleiden und ein wenig Blaubeer-Joghurt darüber verteilen. Eine weitere Schicht Birnen-Nudeln auf den Joghurt geben und die Nudeln in den Joghurt drücken.

3 Die Stiele einsetzen und die Eisförmchen mindestens 8 Stunden durchfrieren lassen. Am besten bekommt man das Eis aus den Förmchen, indem man diese ganz kurz unter fließendes heißes Wasser hält.

240 ml	Vanillejoghurt mit 0,1 % Fett
190 g	frische Blaubeeren
1 EL	Honig
2	reife Birnen, geschält und mit **KLINGE D** in Spiralstreifen geschnitten

Wenn Sie weder Eisförmchen noch Stiele zur Hand haben, brauchen Sie dennoch nicht auf dieses Dessert zu verzichten. Geben Sie die Füllung einfach in ein Schnapsglas oder in ein Tässchen, drücken Sie einen robusten Trinkhalm in die Mitte und frieren Sie das Dessert durch.

Süßkartoffel-Muffins mit Schokostücken

ERGIBT
6 Muffins

GF

VT

P

VORBEREITUNGSZEIT
10 Minuten

GARZEIT
25 Minuten

NÄHRWERTE
PRO PORTION: 1 Muffin
Kalorien: 132
Fett: 6 g
Kohlenhydrate: 18 g
Natrium: 137 mg
Eiweiß: 3 g
Zucker: 12 g

Ich habe diese Muffins einmal als Proviant für eine Autofahrt zubereitet, die ich mit ein paar Freunden unternahm. Nachdem sich alle ins Auto gequetscht und es sich auf dem Rücksitz bequem gemacht hatten, holte ich die Muffins heraus. Sie kamen bei jedem super an! Ich reiche diese schokoladigen, saftigen und mehlfreien Muffins gern als bewährten Leckerbissen nach dem Abendessen und weiß ganz sicher, dass sie später keinen Blutzuckerabfall zur Folge haben.

1 Den Ofen auf 190 °C vorheizen. Ein Muffinblech mit 6 Mulden mit Kochspray leicht fetten.

2 Süßkartoffel-Reis, Zimt, Backpulver, Kokosflocken und eine Prise Salz in eine mittelgroße Schüssel geben und kurz mischen. Ei, Eiweiß, Honig und Vanilleextrakt hinzufügen und das Ganze gründlich mischen. Die Schokolade unterheben.

3 Den Teig auf die Mulden verteilen und diese jeweils zu drei Vierteln füllen. Die Muffins 23 bis 25 Minuten im Ofen backen – sie sind fertig, wenn ein in die Mitte gestochenes Messer sauber wieder herauskommt. Die Muffins aus den Mulden nehmen und vor dem Servieren auf einem Rost 5 Minuten abkühlen lassen.

	Kochspray
1	kleine Süßkartoffel, geschält und mit KLINGE C in Spiralstreifen geschnitten, dann zu Reis verarbeitet (siehe Seite 25)
1/2 TL	gemahlener Zimt
1/2 TL	Backpulver
2 EL	ungesüßte Kokosflocken
	Salz
1	großes Ei + 1 Eiweiß
2 EL	Honig
1/2 TL	Vanilleextrakt
5 EL	milchfreie Schokoladenstückchen

Diese Muffins sind saftiger als »normale«, da sie ohne Mehl auskommen. Bevor Sie das Gebäck zur Aufbewahrung in einen luftdichten Behälter legen, sollte es mindestens 30 Minuten auskühlen, damit die Muffins am Boden nicht zu stark durchfeuchtet werden.

DANKSAGUNG

Während der ersten 26 Jahre meines Lebens folgte ich den allgemein anerkannten Regeln: Sei gut in der Schule, gehe auf ein namhaftes College, suche dir nach dem Studienabschluss einen Job und baue dir eine Karriere auf. Ein paar Monate nach meinem 26. Geburtstag kündigte ich meinen Job und setzte voller Vertrauen auf meinen Traum, diese Welt mithilfe von *Inspiralized.com* zu einem glücklicheren und gesünderen Ort zu machen. Heute, nur knapp zwei Jahre später, bringe ich mit 27 Jahren mein erstes Kochbuch heraus. Kneifen Sie mich bitte, damit ich merke, dass ich nicht träume!

Ohne all die Liebe und Unterstützung meines Umfeldes hätte ich niemals einen solchen Erfolg gehabt, und gewiss nicht in so kurzer Zeit. Ich würde immer noch träumen anstatt zu handeln und bin deshalb den folgenden Menschen ewig dankbar:

Leah Bhabha dafür, dass sie jedes einzelne Rezept in diesem Buch ausprobiert hat, mir rund um die Uhr Feedback zu meinen Texten gegeben hat und von jeglichen Lebensmitteln genauso begeistert ist wie ich. Da wir den größten Teil des Sommers in meiner Küche verbracht haben, sind wir uns meiner Meinung nach einen Trip zum Strand schuldig!

Jedem einzelnen Leser, Anhänger und Fan dieses Kochbuchs – danke, danke, danke. Jedes einzelne »Like« auf meiner Facebook-Seite, jeder retweetete Blogbeitrag von mir und jeder Freund, der mich auf Instagram getaggt hat, hat mich dahin gebracht, wo ich heute bin. Ich fühle mich geehrt, dass ihr genug Vertrauen in mich hattet, um meine Rezepte zu Hause und im Kreis eurer Freunde und Familie auszuprobieren. Danke dafür, dass ihr wirklich »inspiralisiert« seid.

Amanda Englander, die mich als Lektorin durch den Publikationsprozess begleitet hat, danke ich dafür, dass sie alle meine Fragen beantwortet hat (ganz gleich, wie nahe liegend die Antworten waren) und die Veröffentlichung dieses Buches vorangetrieben hat – ich kann es kaum erwarten, es endlich im Regal einer Buchhandlung zu sehen. Natürlich geht mein Dank auch an das gesamte Clarkson-Potter-Team, in meinen Augen echte Vorkämpfer, weil sie schon so früh an mich und mein Buch geglaubt haben. Danke dafür, dass ihr meine Botschaft unters Volk gebracht habt!

Bei Alyssa Reuben bedanke ich mich für ihre Unterstützung auf jedem Schritt meines Weges und ihr Vertrauen in meine »inspiralisierte« Mission, für die sich damals noch niemand wirklich interessierte. Dieses Buch spiegelt ihr Vertrauen in mich wider, und ich bin ewig dankbar, sie als Agentin an meiner Seite zu haben. Eine gute Voraussetzung für viele weitere Bücher! Ganz besonderer Dank gebührt Evan und Marisa Richheimer dafür, dass sie Alyssa und mich zusammengebracht haben – ihr beiden wart meine ersten Anhänger!

Dankbar bin ich dem ganzen Fotoshooting-Team, das dieses Kochbuch so wunderschön gemacht hat – ich bin immer noch hin und weg. Ich bedanke mich bei Evan Sung für seine unglaubliche Fähigkeit, in Spiralstreifen geschnittenes Obst und Gemüse zu fotografieren, und für seine freundliche, ruhige Art während der ganzen Prozedur. Dank gebührt auch Chelsea Zimmer – sie konnte die Gemüse-Nudeln besser in Szene setzen als ich – und Kaitlyn DuRoss, die nicht nur die Fotos, sondern auch mich gestylt hat (ich finde immer noch Stecknadeln in meinen T-Shirts!).

Und inniger Dank geht an:

Felicia dafür, dass du mir von Anfang an dabei geholfen hast, die Werbetrommel für mein Kochbuch zu rühren. Ich bin stolz darauf, wie fürsorglich und liebevoll du geworden bist, und kann dir gar nicht genug danken, dass du immer für mich da warst, wenn ich Dampf ablassen musste. Danke, dass du mir geholfen hast, im Entstehungsprozess dieses Buches eine

Hochzeit zu planen und dafür, dass du immer meine beste Freundin bleiben wirst. Für mich bist du auf ewig meine »kleine Schwester«.

Meinen Vater dafür, dass du mir beigebracht hat, dass es im Leben keine Abkürzungen gibt, sondern nur harte Arbeit, Einsatz und Entschlossenheit. Ohne dieses Wissen würde ich immer noch an einem Schreibtisch sitzen und einen Job machen, der mich nicht ausfüllt. Du bist der am härtesten arbeitende Mann, den ich je kennengelernt habe, und ich bin dankbar für jede Lebenslektion, die du mir erteilt hast. Ich bin stolz darauf, die Familie als Unternehmerin zu verstärken!

Meine Großmutter Ida – dir danke ich jeden einzelnen Tag dafür, dass du mir die Liebe zum Lesen und Schreiben geschenkt hast, und für die unzähligen Stunden, in denen du mit mir über den literarischen Klassikern gesessen hast. Du hast mir dabei geholfen zu verstehen, wie sich die Wörter miteinander verbinden, auch wenn es manchmal schwierig war. Dein Glaube an Wissen und Bildung hat mir den Weg in dieses hoffentlich nie endende Kapitel meines Lebens geebnet.

Meine Mutter – ich könnte Hunderte Seiten darüber schreiben, wie dankbar ich darüber bin, dass ich dich habe, und könnte dir doch nicht gerecht werden. Es gibt niemanden auf dieser Welt, der mich so sehr ermutigt, unterstützt und so sehr an mich glaubt wie du. Ich bin dir nicht nur ewig dankbar, dass du mich mit dem Spiralschneider vertraut gemacht hast, sondern auch wegen der unzähligen Stunden, in denen wir über einen gesunden Lebensstil gesprochen haben – auch wenn ich das ein oder andere Mal rückfällig geworden bin! Du bist meine beste Freundin und ich schätze es mehr als alles andere, dass ich immer zu dir kommen und über alles reden kann. Sogar als du nicht bei mir warst, hast du mir geholfen, dieses Buch zu schreiben. Nichts erfüllt mich mit größerem Glück als dich stolz zu machen – dieses Kochbuch gehört dir ebenso sehr wie mir. Ich liebe dich.

Meinen Großvater – und zwar nicht nur für jeden einzelnen perfekten Fleischklops,

den du auf meinen Teller gelegt hast, sondern auch für deine Stärke, ob du nun als Twen meilenweit durch den Schnee gelaufen bist, um Großmutter den Hof zu machen, oder einen beängstigenden Kampf gegen den Krebs gewonnen hast. Deine Liebe und Lebenslust haben mich immer dazu inspiriert, ein nicht nur durchschnittliches Leben zu führen, das ein Lächeln auf mein Gesicht zaubert – und hoffentlich auch auf deins. Du bist meine erste wahre Liebe und wirst immer mein Poppy sein.

Meine Großmutter Loretta (Grams) – du bist die Seele jeder Feier, trägst das strahlendste Lächeln im Raum zur Schau (und die beste Kleidung) und nimmst an allem den meisten Anteil. Dein Glauben an diejenigen, die du liebst, und dein Vertrauen in sie sind inspirierend, und obwohl du es immer schaffst, an Thanksgiving die Süßkartoffeln anbrennen zu lassen, bist du der bezaubernde Kitt, der alles zusammenhält.

Und an Lu. – Wenn dieses Buch im Handel erscheint, dauert es nur noch vier Monate, bis wir Mann und Frau werden. Du bist die Liebe meines Lebens und ohne dich wäre aus der ganzen Idee zu *Inspiralized* niemals das geworden, was es heute ist. Du hast mich ermutigt, meinen Job hinzuschmeißen und meinen Traum zu leben, und daran geglaubt, dass ich alles schaffen kann. Dein unerschütterlicher Glaube an mich treibt mir die Tränen in die Augen und ich kann es kaum abwarten, den Rest meines Lebens mit dir zu verbringen und dich so glücklich zu machen, wie du mich machst. Du lässt mich nicht nur abheben, sondern hältst mich auch dann oben, wenn ich abzustürzen drohe. Tag für Tag motiviert und inspiriert mich deine harte Arbeit als Unternehmer und ich kann mir niemanden vorstellen, den ich bei dieser Traumreise lieber an meiner Seite hätte. Und am allerwichtigsten: Ich danke dir dafür, dass du gesundes Essen wirklich magst – eventuell stehst du sogar noch mehr auf Zucchini-Nudeln als ich (also, ich bin nicht sicher, aber wer weiß!).

REGISTER